Über dieses Buch

Wie zu den Sammlungen ›Vietnamesische Märchen‹ (Nr. 925) und ›Afrikanische Märchen‹ (Nr. 969) legt die Fischer Bücherei auch hier wieder einen Band vor, der bisher in Deutschland noch nicht veröffentlichte Texte enthält. Frederik Hetmann hat das Material für diesen Band in Nordamerika gesammelt, er hat es übersetzt und, ohne den Stoff in seiner Substanz zu verändern, in eine lesbare Form gebracht. In seinem Vorwort beschreibt er den sozialen und kulturellen Hintergrund, vor dem diese Märchen gesehen werden müssen.
Das Buch ist von Günther Stiller illustriert.

Der Herausgeber

Frederik Hetmann (Pseudonym für Hans Christian Kirsch), 1934 in Breslau geboren, studierte Sprachen und politische Wissenschaften in Frankfurt, München, Santander und Madrid. Nach mehrjähriger Tätigkeit als Verlagslektor lebt er heute als freier Schriftsteller und Mitarbeiter verschiedener Rundfunkanstalten in Wiesbaden. 1968 unternahm er eine Reise durch die Indianerreservate in Nordamerika.
Von ihm erschienen u. a.: ›Amerika-Saga‹ (1965), ›Rußland-Saga‹ (1967), ›Der Spanische Bürgerkrieg in Augenzeugenberichten‹ (1967), ›Einladung nach Spanien‹ (1968), ›Die Spur des Navahos. Leben und Geschichte eines indianischen Volkes‹ (1969), ›Deutschlandlied‹ (Roman 1969).
In der Fischer Bücherei erschien: ›Protest – Lieder aus aller Welt‹ (Nr. 830).

Frederik Hetmann

Indianermärchen aus Nordamerika

Mit Illustrationen von Günther Stiller

Fischer Bücherei

Originalausgabe
der Fischer Bücherei
März 1970
Umschlagentwurf: Jan Buchholz / Reni Hinsch
Fischer Bücherei GmbH, Frankfurt am Main und Hamburg

Gesamtherstellung: Hanseatische Druckanstalt GmbH, Hamburg
Printed in Germany

Inhalt

Vorwort

Die Tragödie der nordamerikanischen Indianer — ihre systematische Ausrottung und Verelendung in der Zeit der immer weiter nach Westen vorrückenden »frontier« — der »Grenze« der weißen Welt im 17., 18. und 19. Jahrhundert — ist bekannt.
Ganze Stämme, deren Namen in den Märchen dieses Bandes vorkommen, gingen unter; andere Volksgruppen wurden zwangsweise umgesiedelt, wenn sie dem weißen Mann im Weg waren, wieder andere, wie beispielsweise die Navahos, auf einen »Todesmarsch« geschickt und zur »Umerziehung« über Jahre hin in einem KZ gefangengehalten, nachdem man ihre Siedlungsgebiete mit Obstplantagen, Maisfeldern, Weideland und Brunnen verwüstet hatte.
Es fällt insofern schwer, die Ausmaße dieses Völkermords mit genauen Zahlen zu belegen, weil die Schätzungen darüber, wieviel Indianer in Nordamerika beim Eintreffen der ersten weißen Siedler lebten, beträchtlich schwanken; während beispielsweise die US-Kommission für Bürgerrechte für das Jahr 1492 etwa 800 000 Indianer für den nordamerikanischen Teilkontinent annimmt, sprechen Völkerkundler von 12 Millionen.
Hingegen kann es als sicher gelten, daß es um das Jahr 1870 nur noch gegen 26 000 Indianer in Nordamerika gab. So oder so läßt sich also ablesen, daß damals der völlige Untergang und das Aussterben der roten Rasse zu erwarten stand.
Seit den siebziger Jahren des vorigen Jahrhunderts aber ist die Bevölkerungszahl der Indianer wieder ständig angestiegen, nicht zuletzt durch die Reservationspolitik, deren Licht- und Schattenseiten hier im einzelnen nicht untersucht werden können.
Heute leben allein auf dem Territorium der USA, teils in Reservationen, teils außerhalb, mit der übrigen Bevölkerung vermischt und mehr oder minder zufriedenstellend integriert, rund 550 000 Indianer. Rechnet man die indianischen Volksgruppen Kanadas hinzu, so sieht man, daß sich die Bevölkerungsziffer wieder der Millionengrenze zu nähern beginnt.
Das heißt freilich nicht, daß damit alle Probleme gelöst wären. Im Gegenteil. Während die Segnungen der weißen Medizin und Hygiene — so kümmerlich und unzureichend die ärztliche Betreuung im Einzelfall auch sein mag — aufs Ganze gesehen in vielen Reservationen zu einer Bevölkerungsexplosion führten, nahmen die Landflächen, die den Indianern zur Jagd und zum Fischfang, zur Viehzucht und zum Ackerbau zur Verfügung standen, ständig ab, bzw. der Ertrag des Bodens ging teils durch die Einwirkung der Witterung (Erosion), teils durch Überweiden zurück. Dabei muß man bedenken, daß der weiße Mann die

Reservationen von vornherein in solche Landstriche gelegt hatte, die in seinen Augen als unfruchtbar galten und wo weder durch Ackerbau und Viehzucht noch durch die Ausbeutung der Bodenschätze Reichtümer zu ernten waren.

Versuche, auf dem Gebiet der Reservationen Industrien anzusiedeln, sind zwar gemacht worden, jedoch in größerem Umfang meist nur dann, wenn die weiße Gesellschaft, wie während des II. Weltkrieges, auf die Indianer als letzte Reserve an ungelernten Arbeitskräften zurückgreifen mußte.

So ist es nicht weiter verwunderlich, daß die meisten Reservationen heute ein Bild des Elends und trostloser Rückständigkeit bieten.

In einer Siedlung der Navahos, des größten heute auf dem Boden der USA ansässigen Indianerstammes, erschien vor einiger Zeit an der Straße ein Transparent mit der Inschrift »Willkommen im Navaholand — dem größten Getto der USA!«

So genommen sind die Indianer heute ein Stück dritter Welt im Fleisch der mächtigsten Industrienation. Daß von ihnen in der öffentlichen Diskussion wenig oder gar nicht die Rede ist, liegt daran, daß sie, beispielsweise gemessen an den amerikanischen Negern, zahlenmäßig kaum ins Gewicht fallen und sich ihr Elend in entlegenen, meist sogar verkehrsmäßig nur schlecht erschlossenen Gebieten abspielt.

Doch haben die Erfahrungen des II. Weltkrieges und der Kriege in Korea und Vietnam, an denen Indianer als Soldaten der US-Armee teilnahmen, auch hier bei der jungen Generation eine Veränderung des Bewußtseins herbeigeführt. Wer mit der Armee hinaus in die Welt kam, sah und hörte dort, daß es auch anderswo unterdrückte Minderheiten gab und daß sich die »dritte Welt« gegen den Kolonialismus und den Imperialismus erhoben hat oder doch wenigstens sich hier und dort zu erheben beginnt. Seit einigen Jahren — und auch diese Entwicklung kann hier nur angedeutet werden — gibt es eine kleine, aber sehr aktive, sich zumeist aus Studenten der Soziologie und der politischen Wissenschaften zusammensetzende Gruppe, die sich, in Anlehnung an die »Black Power«-Bewegung und die »Black Muslims« unter den amerikanischen Negern, »Red Power« oder »Red Muslims« nennt und auf eine politische Aktivierung und Bewußtwerdung ihrer Stammesbrüder hinarbeitet, ja, dort, wo die Rechte der Indianer aus alten Verträgen mit der Regierung eindeutig verletzt werden, politischen Widerstand organisiert, wie das beispielsweise bei dem »fish-in« am Nisqually River im Bundesstaate Washington vor einigen Jahren erfolgreich geschah.

Die Repräsentanten der »Red Muslims« fordern vor allem die Überwindung des jahrzehntelang unheilvoll wirksamen Paternalismus des weißen Mannes gegenüber der roten Rasse. Sie versuchen aber auch der alten Generation im eigenen Lager klarzumachen, daß eine Verbesserung der wirtschaftlichen Situation und des Lebensstandards in den Reservationen nur dadurch möglich werden kann, daß man sich der technischen Errungenschaften aus der Welt der Weißen bedient. Dies, so argumentieren die »Red Power«-Ideologen, müsse nicht unbedingt zur Aufgabe der kulturellen Eigenart führen. Die indianische Kulturtradition habe vielmehr Werte, die denen der heutigen weißen Gesellschaft überlegen seien. Man muß diesen Absolutheitsanspruch nicht teilen; psychologisch verständlich, noch in seiner Übersteigerung, wird er als Reaktion auf eben jenen Paternalismus und seine Folgen. Und noch ein anderes ist zu bedenken.

Das Bild des Indianers — und dabei spielen gerade die literarischen Zeugnisse eine wichtige Rolle — wurde jahrhundertelang nach dem Wunsch und Willen des weißen Mannes ge- und verzeichnet.

Die Klischees vom »edlen Wilden« einerseits und vom blutrünstigen Kannibalen, der zivilisiert und missioniert werden sollte, haben in der Vergangenheit häufig dazu herhalten müssen, diese oder jene unverständliche Maßnahme der Indianerpolitik gegenüber der »zivilisierten« Öffentlichkeit zu rechtfertigen.

Versuche, die Indianer aus ihrer eigenen Welt, aus ihrem eigenen Bewußtsein heraus zu begreifen, waren zumindest selten. Gerade aber hierzu könnten die Märchen der Indianer wichtige Anhaltspunkte und Hilfen geben.

Entscheidend ist bei einer solchen Betrachtungsweise freilich die Kenntnis darüber, wie die Texte der Indianermärchen überliefert, von wem sie aufgezeichnet und zunächst ins Englische bzw. ins Französische übersetzt worden sind. Mit anderen Worten: Sind diese Texte wirklich frei von fremden Zutaten, also »echt«, oder wurden auch sie nach einer vorgefaßten Meinung zurechtgeschliffen?

Bei der Antwort auf diese Frage kommt man ohne einen gerafften Abriß der Forschungsgeschichte auf diesem Gebiet nicht aus.

Die ersten Weißen, die Indianermärchen und -mythen sammelten, waren die Jesuiten. So taucht beispielsweise das Märchen vom Jungen, der die Sonne fing, schon in einem ihrer Berichte aus dem Jahre 1633 auf. Festzuhalten wäre außerdem, daß die Märchen bei den indianischen Stämmen nur mündlich tradiert wurden. Eine Schriftsprache besaßen die nordamerikanischen Indianer nicht. Nur ein einziger Stamm hat nach dem Kontakt mit den Weißen quasi künstlich eine Schrift entwickelt und Übersetzungen aus dem Englischen auf diese Art fixiert.

In den folgenden Jahrhunderten finden sich sporadisch Indianermärchen und -legenden in den Aufzeichnungen von Handels-

und Forschungsreisenden über ihre Erlebnisse im Indianerland.
Erst im zweiten Viertel des 19. Jahrhunderts kam ein breiteres Material indianischer Folklore zusammen. Damit begann aber sogleich auch die Entstellung. Henry Rowe Schoolcraft, der die Märchen der Ojibwa und ihrer Nachbarn sammelte, neigte leider dazu, die Geschichten entsprechend seinem persönlichen literarischen Geschmack zu verändern und einzufärben.
Hierfür nur ein Beispiel: Manabozo, der auch in einigen Märchen unseres Bandes auftritt, erhielt hier plötzlich und völlig unmotiviert den Namen der Irokesen-Gestalt Hiawatha, die durch Gedichte Longfellows Eingang in die Literatur des weißen Amerika gefunden hatte.
Die sentimentalisierende Einfärbung in Schoolcrafts Notierung wurde verbindlich und prägte ein romantisches Indianerbild. Hiawatha wurde zum typischen nordamerikanischen Indianer.
In den sechziger, siebziger und achtziger Jahren des 19. Jahrhunderts trat dann eine gewisse Wendung zur originalgetreuen Wiedergabe, wenigstens in Hinblick auf den Handlungsverlauf, ein. Den Stil des Erzählers änderten jedoch die Sammler dieser Jahre weiterhin ziemlich sorglos ab, wenn er ihnen persönlich nicht gefiel. Auf die Bewahrung und Sammlung von Varianten wurde wenig Wert gelegt.
Um 1890, vor allem unter dem Einfluß von Professor Franz Boas, begann dann die Epoche der systematischen und wissenschaftlich exakten Sammlung und Niederschrift des Märchenmaterials der indianischen Stämme und Völkergruppen. In den Fachblättern des »Bureau of American Ethnology«, des »Museum of Natural History« und in den »Journals of American Folklore« erschienen nun Märchen von fast allen Stämmen des nordamerikanischen Subkontinents.
Einzelne Universitäten gingen dazu über, sich auf bestimmte indianische Volksgruppen zu spezialisieren; so die »University of California« auf die kalifornischen Stämme, die »Columbia University« auf die Indianer der nordwestlichen Pazifikküste und der »Canadian Geological Survey« auf die Indianer der mittleren und östlichen Waldgebiete.
Diese eifrige Forschungs- und Sammlertätigkeit führte dazu, daß es mittlerweile kaum einen primitiven Kulturbereich gibt, dessen Mythen, Legenden und Märchen so erschöpfend und genau notiert worden sind wie derjenige der nordamerikanischen Indianer.
Die Skript-Methode, die dabei angewandt wurde, sieht etwa folgendermaßen aus:
Man notierte den Text, den ein indianischer Gewährsmann erzählte, und stellte nach der Lautschrift zunächst eine Wort-für-Wort-Übersetzung in eine europäische Sprache her. Hierzu

wurden sogleich im Gespräch mit dem Gewährsmann text- und sprachkritische Angaben festgehalten, die dazu bestimmt waren, die Strukturunterschiede zwischen der indianischen »Sprechsprache« einerseits und der englischen oder französischen Schriftsprache andererseits zu überbrücken.

Ausgehend von diesem Wort-für-Wort-Original und dem Kommentar, wurde dann eine vor allem am wissenschaftlichen Zweck orientierte Rohübersetzung hergestellt. Bei den in diesem Band gesammelten Märchen wurde in den meisten Fällen auf diese Protokolle zurückgegriffen, die inzwischen für eine ganze Reihe von Wissenschaftsgebieten, und nicht nur für die Märchenforschung, wichtige Aufschlüsse gebracht haben.

Von diesem Vermittlungsweg her, aber auch aus der spezifischen Erzählhaltung der Indianer, erklärt sich eine gewisse Sprödigkeit und Starrheit. Anders ausgedrückt: Es gibt in diesen Geschichten kaum Rankenwerk oder überflüssige Schnörkel, wie wir es aus Märchen anderer Regionen kennen. Wo die Handlung auf der Stelle tritt, wo Wiederholungen auftauchen, dienen diese dazu, etwas zu unterstreichen oder die Schwierigkeiten einer Situation hervorzuheben.

Man kann davon ausgehen, daß die mündliche Version viel Spielraum für die Phantasie ließ. Verkürzungen, die im Original manchmal bis an den Rand der Zusammenhanglosigkeit getrieben werden, wurden wohl deshalb als nicht störend empfunden, weil alle im Märchen vorkommenden Personen und Dinge für den indianischen Zuhörer gewissermaßen mit einer magischen Aura umgeben waren, auf die der Erzähler nicht ausdrücklich eingehen mußte, weil sie vom Zuhörer schon auf den geringsten Anstoß hin dazuassoziiert wurde. Hierin liegt eine der Hauptschwierigkeiten für eine lesbare und aus unserem Blickwinkel voll verständliche, geschriebene Fassung.

Was nun den Begriff »Märchen« angeht, mit dem wir diese Texte bezeichnen, so mag er manchem Kenner nicht zutreffend erscheinen. Doch ist von der amerikanischen Wissenschaft nachgewiesen worden, daß bei den Indianertexten eine Unterscheidung zwischen Märchen und Mythe wenig sinnvoll ist. So hat es sich im englischen Sprachbereich allgemein durchgesetzt, für diese Geschichten die Bezeichnungen »Myths« (Mythen), »tales« (Geschichten, Erzählungen, Märchen) oder »legends« (Legenden, Wundergeschichten, Sagen) gleichbedeutend zu verwenden, woraus sich die deutsche Bezeichnung »Märchen« gewissermaßen als gemeinsamer Nenner ergibt.

Betrachtet man nun die Handlungselemente dieser Texte, so kehren bestimmte Motive und Handlungstypen immer wieder: eine Schöpfungsmythe bzw. eine Erzählung vom Beginn der Menschenwelt, mythologisch begründete Schöpfungsvorgänge wie die Einsetzung des Feuers, der Jahreszeiten und der Gestirne,

Reisen in eine andere Welt und schließlich die meist einen ganzen Zyklus bildenden »Hero- and trickster tales«, die Helden- und Gaunergeschichten.

Bei den Heldengeschichten – oft handelt es sich dabei um Zwillingshelden – steht im Mittelpunkt der Handlung meist ein lebensgefährliches Abenteuer, in das sich der Held freiwillig einläßt, um sich zu bewähren. Häufig zieht er auch aus, um seinen Vater zu finden oder die Zustimmung eines meist nichtmenschlichen Schwiegervaters zur Heirat zu erlangen (Reise der Zwillinge zur Sonne, Narbengesicht).

Mißverständlich für europäische Ohren könnte der Begriff »Gauner-Märchen«, abgeleitet von »trickster tale«, sein.

Die »trickster«-Gestalt hat viel Facettierungen. Der »trickster« kann ein halb menschliches, halb überirdisches Wesen sein, das einem Stamm unter Abenteuern die Sonne oder ein wichtiges Grundnahrungsmittel erobert und diese Errungenschaften vor feindlichen Mächten schützt. So etwa, wenn Saynday den Plan zum Raub der Sonne ersinnt, seinen Freunden die Büffel zuführt und die Krähe bestraft, weil sie die Büffel vor den Jägern warnt.

Der »trickster« kann aber auch ein plumper Tölpel sein, wie Manabozo, der aus Gier oder Hochmut die natürliche Ordnung der Dinge verletzt und als Neunmalkluger schließlich selbst hereingelegt wird.

Der Typ des »Helden« ändert sich von Gebiet zu Gebiet. An der nördlichen Pazifikküste sind die Helden oft Wesen zwischen Mensch und Tier, in den Märchen aus Kalifornien und den Großen Ebenen wird meist die übernatürliche Geburt des Helden betont; in den Märchen der Irokesen, der Stämme aus den Großen Ebenen und des Zentralplateaus findet sich häufig die Geschichte vom armen, verachteten Jungen, der schließlich reich wird oder aus dem Geschehen als Sieger hervorgeht (Das braune Pferd). Zwillingshelden deuten ebenfalls auf das Gebiet der Großen Ebenen und auf den Südwesten der USA hin.

Verwirrend mag es erscheinen, daß in den Märchen von Reisen in eine andere Welt die Lage dieses »Jenseits« oft ganz verschieden ist. Manchmal liegt die andere Welt »oben«, manchmal »unten«, dann wieder »jenseits des Meeres« oder »hinter den Hügeln«. Hier läßt sich die Bedeutung dessen, was der Erzähler meint, oft nur dann ganz verstehen, wenn man sich mit den religiösen Vorstellungen des betreffenden Stammes eingehend vertraut macht. Trotzdem kommen gewisse Bilder, also etwa »Sternwelt«, »Sternfenster«, »Seil zum Himmel« und »Regenbogenbrücke zu der oberen Welt«, wie Stith Thompson nachgewiesen hat, bei fast allen Stämmen des nordamerikanischen Kontinents vor.

Einflüsse anderer Kulturkreise, mit denen die Indianer in Be-

rührung kamen (Weiße und Neger), sind bei manchen Märchen nicht zu übersehen.
Zwar haben wir in diesem Band darauf verzichtet, indianische Nacherzählungen »weißer« Märchen aufzunehmen, doch lassen sich auch innerhalb der strengeren Begrenzung, unter den echten indianischen Texten und Stoffen, Spuren solcher Einflüsse nachweisen.
So im Text des Märchens vom Kaninchen und dem Farmer, das aus der Alabama-Coushatta-Reservation in Polk County im östlichen Texas stammt. Hier werden im Tonfall, im Witz und in der Art, wie die Pointe serviert wird, Anleihen an die Folklore der amerikanischen Neger sehr deutlich spürbar.
Man darf dabei nicht vergessen, daß eine Vermischung von Menschen schwarzer und roter Hautfarbe gerade im Südwesten der USA, aber auch anderswo, im vorigen Jahrhundert so selten nicht war.
Auch die letzte Geschichte des Saynday-Zyklus »Roter Saynday trifft Weißen Saynday« geht auf die Assimilierung fremder, in diesem Fall mexikanischer Einflüsse zurück.
Was den Umfang der Märchen angeht, so ist interessant, daß bei Stämmen, die es auf Grund ihrer Umweltbedingungen zu einem gewissen Wohlstand brachten und seßhaft wurden, sich die Handlungsbögen der Geschichten ausweiten, die Stimmungen mehr ausgemalt werden und die Bemerkungen über die wirtschaftliche und gesellschaftliche Situation einen breiteren Raum einzunehmen beginnen, während sie sonst nur in formelhafter Verkürzung erscheinen (Nenem).
Was nun die vorliegende Auswahl angeht, so bietet sie höchstens eine kleine Kostprobe aus dem – wie schon angedeutet – außerordentlich reichhaltigen Material, das für wissenschaftliche Zwecke aufbereitet vorliegt, aber über den Kreis der Fachleute hinaus bisher kaum zur Kenntnis genommen worden ist. Es kam dem Herausgeber darauf an, vor allem solche Texte auszuwählen, die auch etwas über die Lebensumstände der einzelnen Stämme, die magischen Vorstellungen und das Selbstverständnis der Indianer aussagen, und gleichzeitig bezeichnende Beispiele für die zuvor skizzierten verschiedenen Handlungstypen zu geben.
Von hier aus läßt sich der Bogen zurückschlagen zu dem, was zu Anfang gesagt worden ist.
Eine wichtige Voraussetzung für den immer noch fortbestehenden Konflikt zwischen der magischen Welt der nordamerikanischen Indianer und der weißen Gesellschaft in den USA, die weitgehend immer nur Anpassung und Unterwerfung gefordert hat und ihr fragwürdiges Bild von den Indianern als verbindlich hinstellte, wäre, daß man sich bemüht, die Indianer aus ihrer eigenen Tradition und Weltsicht heraus kennen und

verstehen zu lernen. Für den, der bereit ist, sich darum zu bemühen, und nicht nur exotisches Vergnügen sucht, könnten — so hoffen wir — diese Märchen ein wichtiges Hilfsmittel sein.

F. H.

Die Himmelsfrau

Einst lebte die Menschheit in einem himmlischen Paradies. Unter dem Himmel lag nicht die Erde, sondern so weit man blicken konnte, dehnte sich das Meer aus, in dem Wasservögel und andere Tiere wohnten.
Über dem großen Wasser stand keine Sonne; doch der Himmel war erleuchtet vom Baum des Lichtes, der vor dem Haus des Himmelsherrn wuchs.
Ein Traum riet dem Herrscher über das himmlische Paradies, eine schöne, junge Frau zu heiraten, und er tat, wie ihm im Traum befohlen worden war. Vom Atem des Himmelsherrn wurde die Frau schwanger, doch der Mann begriff nicht das Wunder der Natur, sondern entbrannte in Wut und Zorn. Da träumte ihm abermals, und die Stimme des Traumes riet ihm, den Baum des Lichtes vor der Schwelle seines Palastes auszureißen. Und wieder hörte er auf die Stimme seines Traumes. So entstand draußen vor dem Haus ein großes, klaffendes Loch.
Als der Himmelsherr nun sah, wie sein Weib neugierig durch das Loch hinabblickte, überkam ihn wieder eifersüchtiger Zorn, und er gab ihr von hinten einen Stoß. Da stürzte sie aus dem himmlischen Paradies und fiel hinab, dem großen Wasser entgegen.
Immer noch zornig, warf ihr der Himmelsherr alle Gegenstände und Lebewesen nach. die ihr lieb und wert gewesen waren, einen Maiskolben, Tabakblätter, ein Reh, Wölfe, Bären und Biber, die später alle in der unteren Welt leben sollten. Aber noch gab es diese Welt nicht, die jetzt unsere Welt ist. Das unglückliche Weib des Himmelsherrn stürzte durch die Luft herab, und die weite Wasserfläche, in der sie würde ertrinken müssen, kam immer näher. Das sahen die Tiere, die in dem großen Wasser wohnten, und sie beschlossen, ihr zu helfen. Die Wasservögel breiteten ihre Flügel aus und flogen so dicht nebeneinander her, daß sich die Spitzen ihrer Federn berührten. Sie wollten die Himmelsfrau auffangen. Die Wassertiere suchten einen Landeplatz. Die große Wasserschildkröte tauchte auf und hob ihren Panzer über den Meeresspiegel, während die anderen Tiere zum Meeresboden hinabtauchten, um dort Schlamm und Sand zu holen.
Die Bisamratte brachte ein paar Steine, und die Kröte schleppte Algen und Tang herbei, und sie warfen Schlamm, Sand, Algen und Steine auf den Panzer der Schildkröte. So entstand eine Insel, die nach und nach größer und größer wurde.
Unterdessen hatten die Vögel die Himmelsfrau in der Luft aufgefangen und trugen sie zur unteren Welt herab. Von Zeit zu

Zeit kamen neue Vögel und lösten jene ab, die müde geworden waren von der schweren Last, die auf ihrem Gefieder ruhte.
Endlich landete die Himmelsfrau wohlbehalten auf der Insel der großen Wasserschildkröte. Sie dankte den Vögeln, die ihr und dem Kind in ihrem Leib das Leben gerettet hatten. Sie nahm eine Handvoll Erde und warf die Erde von sich. Da vermehrte sich das Land durch die Zauberkraft, die in den Fingerspitzen der Himmelsfrau sitzt; die Insel wuchs und wuchs und wurde eine Welt, und die Horizonte rückten in die Ferne. Pflanzen und Bäume begannen zu sprießen, und die Tiere, die der Himmelsherr seinem Weib nachgeworfen hatte, fanden Wohnung und Nahrung und vermehrten sich. So entstand die Erde, und die Himmelfrau wurde die Große Erdmutter.

Der Gute und der Böse

Die Himmelsfrau gebar eine Tochter, um die warben, als sie herangewachsen war, viele männliche Wesen und Tiere, die männliche Menschengestalt angenommen hatten. Doch die Mutter riet ihrer Tochter, alle Freier abzuweisen, bis ein junger Mann ihres eigenen Volkes vom Totem der Großen Taube komme.
Als dieser Mann vor ihre Hütte trat, brachte er dem Mädchen zwei Pfeile, deren Spitzen aus Feuerstein gefertigt waren. Das Mädchen legte sich auf den Boden nieder; der junge Krieger aber schoß einen der Pfeile in ihre linke Brust und den anderen Pfeil in ihren Schoß. Dann ging er fort und sagte ihr, er werde am nächsten Tag wiederkommen. So geschah es, doch diesmal nahm er die beiden Pfeile mit und erklärte ihr, nun müsse er sie für immer verlassen.
Zur rechten Zeit gebar die junge Frau Zwillinge. Schon ehe die Kinder auf die Welt kamen, hörte man sie im Leib der Mutter sprechen. Das eine Kind sagte, es werde auf dem nächsten besten Weg in diese Welt kommen; das andere erklärte, es wolle den Weg nehmen, den die Natur bestimmt hat. Als nun die Stunde der Geburt gekommen war, zwängte sich der eine Knabe durch den Schoß der Mutter, der andere hingegen kroch aus ihrer Achselhöhle hervor, und die junge Frau starb.
Die Himmelsfrau war zornig über den Tod der Tochter und fragte die beiden Knaben, wer von ihnen den Tod der Mutter verschuldet habe. Der Böse klagte seinen Bruder, den Guten, an.
Die Himmelsfrau nahm den vermeintlichen Übeltäter und stieß ihn aus ihrem Reich in die Wildnis. Sie wollte, daß er dort verhungere. Aber das Kind starb nicht, es wuchs rasch, schneller als andere Kinder, und war bald ein ausgewachsener junger

Mann, der wanderte durch die Welt auf der Suche nach seinem Vater, bestand viele Abenteuer und hörte, daß er der Sohn des Westwinds sei.

Als er nun seinen Vater gefunden hatte, lehrte ihn dieser, wie man eine Hütte baut, wie man Feuer schlägt, wie man pflanzt und die verschiedenen Saaten pflegt, und er schenkte dem Sohn Kornsaat, Bohnensaat und Tabaksaat. Er warnte ihn auch vor dem Bösen, der in seiner Eifersucht versuchen werde, alles zu zerstören oder zu verderben, was der Gute schaffe, und erklärte ihm, daß in der Zukunft viel Kummer und Leid durch den Bösen in die Welt kommen werde.

Darauf schuf der Gute zuerst alle Flüsse mit einer zweifachen Strömung, bergauf und bergab, damit die Menschen sie ohne Anstrengung in beiden Richtungen befahren könnten. Der Böse aber verdarb dieses Werk, indem er Wasserfälle und Strudel in die Flüsse zauberte.

Der Gute ließ Früchte wachsen und schuf viele Arten von Tieren und Vögeln. Er erschuf auch die Fische in den Flüssen als Nahrung für die Menschen.

Der Böse hexte den Fischen Gräten unter die Haut. Ersticken sollten die Menschen, wenn sie von den Fischen aßen.

Die Himmelsfrau hatte ihre Tochter in der Erde begraben. Sie trauerte. Viel Zorn und Haß war in ihrer Trauer. Nach einiger Zeit wuchs aus dem Kopf der Toten die Tabakpflanze, aus ihren Brüsten das Korn und der Mais, aus ihren Fingern die Bohnen und aus ihren Zehen die Kartoffel.

Während der Gute am Grab seiner Mutter saß und das Wachstum der Pflanzen bewachte, kochte die Himmelsfrau daheim eine Maissuppe. Sie hielt den Guten noch immer für den Mörder ihrer Tochter und sann zusammen mit dem Bösen darauf, wie sie den Enkel verderben könne. Aber all ihre bösen Anschläge schlugen fehl.

Da forderte die Himmelsfrau den Guten zu einem Spiel heraus. Wer dabei gewinne, so schlug sie vor, der solle über die Welt herrschen. Es war aber jenes Spiel, bei dem man aus einiger Entfernung Pfirsichkerne in eine Schale werfen muß.

Als der Tag des Wettkampfes herangekommen war, wollte die Himmelsfrau dem Guten ihre Schale und ihre Pfirsichkerne geben. Er aber wies diese Dinge zurück, denn er ahnte, daß sie von der Himmelsfrau verzaubert worden waren. Statt dessen rief er einen Schwarm Haubenmeisen herbei und benutzte die Hauben, die diese Vögel auf ihren kleinen Köpfen tragen, als Wurfsteine.

Er erklärte den Vögeln, daß es bei diesem Spiel um die Macht über die Welt gehe, und so liehen sie ihm ihre Federn gern.

Der Gute hüllte also seine Wurfsteine in zarten Federflaum. So flogen sie sicher in die Schale, wie Vögel zu ihrem Nest fliegen,

und es gelang ihm, das Spiel gegen die Himmelsfrau und den Bösen zu gewinnen.
Noch heute spielen deshalb die Indianer am kürzesten Tag des Jahres, beim Fest des grünen Maises, das Große Pokerspiel mit den Pfirsichkernen, um sich daran zu erinnern, daß wenigstens einmal vor langer Zeit das Gute in der Welt den Sieg über das Böse davontrug.

Wie das Feuer auf die Erde kam

Im Anfang war die Welt kalt, und die Tiere und Vögel hatten ihre Pelze und Federn sehr nötig, um sich warm zu halten. Da schaute der Donnergott hinab auf die kalte, unfreundliche Erde, und er sah, daß es so nicht gut war. Er schickte also einen Blitzstrahl hinab, der setzte einen Sykomoren-Baum auf einer kleinen Insel in Brand.
Der Stamm loderte wie eine Fackel, und alle Tiere sahen zu und freuten sich über die helle Wärme. Aber wie sollten sie das Feuer von der Insel zum Festland bringen? Sie hielten Rat, und ein jedes von ihnen wollte helfen. Als erster sprach der Rabe:
»Das beste wird sein, ich fliege hinüber zur Insel und bringe etwas von dem Feuer mit.«
Gesagt, getan. Er flog hin zu der Insel und versuchte, das Feuer zu holen, aber zurück kam er verbrannt und verängstigt und ohne Feuer. Seit diesem Tag ist der Rabe schwarz.
Als nächstes Tier versuchte es die kleine Eule. Sie kam wohlbehalten bis zu dem Baum, aber als sie in den brennenden, hohlen Stamm hinabschaute, schlug ihr die Lohe ins Gesicht und verbrannte ihr beinahe die Augen. Seither sind ihre Augen rot und blinzeln bei grellem Licht.
Die schwarze Schlange wollte besonders schlau sein. Sie schwamm zu der Insel, kroch vorsichtig durch das Gras und fand ein kleines Loch am Fuß des Stammes. Dort schlüpfte sie hinein und hoffte, sie werde ein wenig Glut davontragen können. Aber im Inneren des brennenden Baumes war es schrecklich heiß. Die Schlange fürchtete zu ersticken. Rasch schnellte sie wieder zu dem kleinen Loch zurück und schlüpfte hinaus ins Freie.
Nachdem es auch der Schlange nicht gelungen war, das Feuer zu holen, waren die Tiere verzweifelt. Keines wagte sich in die Nähe des glühenden Baumes, und immer noch war die Welt kalt und unfreundlich. Da meldete sich die kleine schwarz-rot-gestreifte Wasserspinne und bat, einen Versuch wagen zu dürfen.
Sie webte eine kleine Schüssel und befestigte sie auf ihrem Rücken. Sie lief über das Wasser zur Insel, zog ein winzig kleines Stück glühender Holzkohle aus dem Baum, glitt eilig wieder

über das Wasser zurück zum Festland und brachte den Tieren das Feuer.
Und wer sich heute die Wasserspinne anschaut, der wird auf ihrem Rücken immer noch die Schüssel entdecken, in der sie die Wärme in eine kalte Welt trug.

Die Flucht aus der Unterwelt

In der Unterwelt gab es nichts als Wasser. Zwei Frauen, Huruing Wuhti im Osten und Huing Wuhti im Westen, wohnten weit voneinander entfernt, und die Sonne reiste zwischen ihren Wohnungen hin und her. Da beschlossen die Frauen, Land zu erschaffen. Sie teilten das Wasser, damit die Erde erscheine. Aus Lehm formten sie zuerst Vögel, die gehörten der Sonne, dann Tiere, die gehörten den beiden Frauen. Endlich formten sie auch menschliche Wesen und rieben sie zwischen ihren Handflächen, damit sie Verstand bekämen.
Aber die neuerschaffenen Menschen in dem unterirdischen Paradies waren töricht. Sie verstießen gegen die Gebote der beiden Frauen. Sie taten Böses, und ihr unglücklicher Häuptling teilte sie in zwei Gruppen. Allen Frauen, Mädchen und weiblichen Kindern befahl er in ihren Dörfern zu bleiben. Alle Männer, Jünglinge und Knaben wies er an, den breiten Fluß zu überschreiten und sich am anderen Ufer Wohnung zu suchen. Vier Jahre blieben die Geschlechter voneinander geschieden. Nach dieser Zeit waren die Frauen nahezu verhungert, weil sie es nicht verstanden, den Boden zu bestellen. Sie gingen in Lumpen, weil die Männer für sie keine Kleider webten. Da hatte der Häuptling ein Einsehen und ließ die Männer zu den Frauen zurückkehren. Doch bald nahmen die Missetaten wieder zu, und das Wasser des Meeres stieg und überschwemmte mehr und mehr Land.
Es gab vier Gebirge in der Unterwelt, und im Gebirge im Nordosten wohnte die Spinnenfrau. Der Häuptling ließ Gebetsstöcke herstellen und Gebetsfedern bemalen, und dann sandte er einen jungen Mann in dieses Gebirge. Die Spinnenfrau dankte dem Jüngling für diese Geschenke und fragte ihn, was er sich wünsche. Der junge Mann sprach:
»Um uns ist Wasser, es steigt und steigt und stiehlt uns mehr und mehr von unserem Land. Sag uns einen Ort, an dem das nicht so ist und wo wir wohnen können.«
Die Spinnenfrau erwiderte:
»Da weiß ich Rat. Über euch liegt ein solcher Ort. Sag deinem Volk, es soll eilig hierherkommen.«
Die Spinnenfrau führte die Menschen auf die Spitze ihres Berges, und dort pflanzte sie zwei Arten von Fichten. Die Bäume

wuchsen gen Himmel, ihre Astspitzen stießen an den Himmel, aber der Himmel war fest und hart, und die Bäume vermochten die Kuppel des Himmelsgewölbes nicht zu durchstoßen.

Die Spinnenfrau überlegte, was da zu tun sei.

Nun pflanzte sie ein Schilfgras und eine Sonnenblume. Die Pflanzen wuchsen auf, fanden einen Spalt im Gewölbe des Himmels und durchstießen seine harte, feste Decke. Acht lange Tage kletterte das Volk aus der Unterwelt an den Pflanzen hinauf, und als die Menschen endlich Sipapu, das heißt den Spalt, der die Welten scheidet, erreicht hatten, sagte der Spottvogel jedem von ihnen, zu welchem Stamm er in der neuen Welt gehöre. Aber der Spottvogel wurde heiser, und jene die später kamen, hörten keine Stimme mehr. Da stiegen sie traurig wieder zurück in die Unterwelt.

Der Zauberer des Volkes aber sprach: »So soll es von nun an sein und bleiben in alle Ewigkeit. Wenn einer stirbt, soll er dort hinunter gebracht werden.«

Als die ersten Menschen die Erde betraten, war es dort dunkel; die Sonne schien noch nicht, und es gab in der oberen Welt nur ein einziges Wesen. Man nannte es das große Knochengerippe. Es war arm, hatte nur ein winziges Feuer und wenig Mais. Die Menschen aber beschlossen, eine Sonne und einen Mond zu machen, wie in der Unterwelt. Und als sie beides erschaffen hatten, warfen sie die Gestirne hinauf an den Himmel. Dann brachen sie auf, um die Stelle zu besuchen, an der in Zukunft die Sonne jeden Morgen aufgehen würde. Die weißen Menschen zogen nach Süden, die Indianer der Ebenen nach Norden, und die Pueblo-Indianer blieben in der Mitte der oberen Welt. Ehe sie aber aufbrachen, kamen alle überein, daß jene, die zuerst die Gegend um Sonnenaufgang erreichten, den anderen befehlen durften, dort zu bleiben, wo sie gerade waren. Die weißen Menschen waren klug. Sie schufen sich das Pferd und kamen so zuerst in der Gegend des Sonnenaufgangs an, und als sie ihr Ziel erreicht hatten, stürzten viele Sterne zur Erde. Da wußten die Indianer, daß die Weißen Sieger geblieben waren im Wettlauf zum Ort des Sonnenaufgangs. Die Pueblo-Indianer aber, die nicht fortgezogen waren, siedelten auf dem dürren Land, das sie noch heute bewohnen.

Die Reise der Zwillinge zur Sonne

Der Sonnengeist, der über den großen Wüsten steht, entbrannte in heißer Liebe zu der schönen Häuptlingstochter Estsan-ahtlehay. Von seinen Strahlen wurde sie schwanger und gebar Zwillinge. Den Älteren nannte sie Nayenezgani, den Jüngeren Tohbachischin. Die beiden Knaben spielten fröhlich mit den an-

deren Kindern vor dem Dorf, in dem sie lebten, und oft besuchten sie Begochiddy, den Gott der Schöpfung, und Haschje-altye, den sprechenden Gott, denn beide hatten die Kinder herzlich lieb. Mit vier Jahren waren die Zwillinge groß und stark, und mit sechzehn Jahren waren sie voll ausgewachsen. Sie sahen sich so ähnlich, daß der eine nicht von dem anderen zu unterscheiden war. Sie fragten nun danach, wer ihr Vater sei, aber ihre Mutter schämte sich, es ihnen zu sagen. Doch sie ließen nicht nach mit ihren Fragen, und eines Tages, als die Sonne in halber Höhe am Himmel stand, deutete die Mutter der Zwillinge hinauf zum Himmel und sprach: »Dort ist euer Vater!«
Etsay-Hasteen, der erste Mann der ersten Welt, hatte den Knaben einen schönen Bogen und viele gute Pfeile gegeben, und so manchen Tag verbrachten sie auf der Jagd. Auf einem Jagdzug war es auch, als ihnen der Gott Begochiddy begegnete. Er setzte sich zu ihnen und erinnerte sie daran, daß der Sonnengeist ihr Vater sei.
»Ihr müßt ihn besuchen«, sagte er zu ihnen und versprach auch, ihnen bei der Reise beizustehen und ihnen Geschenke mit auf den Weg zu geben.
Dem älteren Zwilling schenkte er einen Regenbogen, dem jüngeren einen Lichtstrahl. Dies aber war der Rat, den er ihnen erteilte, nachdem er beiden zusammen noch den Windgeist geschenkt hatte:
»Wenn ihr das Haus eures Vaters erreicht habt«, so sprach er, »wird man euch viele Geschenke anbieten. Bringt von all diesen Dingen nur den Blitzpfeil, das Steinmesser, die gewaltigen Zyklone, den großen Hagel und den magischen Feuerstock mit zur Erde.«
Als nun die Knaben zum Dorf zurückgingen, begegneten sie einer Raupe, die sagte zu ihnen:
»Ihr wollt zu eurem Vater, dem Sonnengeist. Das ist ein grausamer Mann, der schon viele Tiere und Menschen verdorben hat. Ich gebe euch hier eine Medizin aus Weidenblättern, die euch schützen wird.«
Ohne ihrer Mutter etwas davon zu sagen, brachen die beiden Knaben zu ihrer Reise auf.
Nayenezgani bestieg den Regenbogen, Tohbachischin den Strahl des Lichtes, und der Gott der Schöpfung, Begochiddy, hauchte ihren seltsamen Fahrzeugen Leben ein. So fuhren die beiden der Sonne entgegen.
Nachdem sie eine weite Strecke durch die Luft geritten waren, wurde ihnen diese Reiseart langweilig. Sie kehrten zur Erde zurück und gingen ein Stück zu Fuß, bis sie auf eine Sanddüne stießen, die sie nicht überqueren konnten. Jetzt erhoben sie sich wieder in die Lüfte, und so ging es immer weiter voran, einmal zu Fuß, einmal im Flug.

Als sie das Ufer eines breiten Stromes erreichten, trafen sie viele tausend Wasserflöhe, und als die Tiere nun hörten, wohin die Zwillinge reisten, drängten sie sich alle an der Wasseroberfläche zusammen. So entstand eine Brücke, auf der die Knaben den Fluß überschritten.

Später auf ihrer Reise begegneten sie der Wiesenlerche, und auch von diesem Vogel erfuhren sie, daß ihr Vater ein sehr zorniger Mann sei.

»Aber ich werde euch ein Lied lehren«, sagte der Vogel, »das wird euch helfen, wenn ihr ihn trefft.«

Noch ein Stück weiter kroch ein Spinnenweibchen aus der Erde hervor und lud die Zwillinge in ihr Haus ein. Den Knaben erschien die Tür zu niedrig. Da blies das Spinnenweibchen gegen die Türpfosten, und sie wurden höher. Es blies noch einmal, und wieder wurde die Tür höher, und als es viermal geblasen hatte, konnten die Jungen durch die Tür in das Spinnenhaus eintreten.

Auch das Spinnenweibchen warnte die Knaben vor ihrem Vater und meinte, gegen seinen Zorn werde sich mit dem Lied der Wiesenlerche wenig ausrichten lassen. Es schenkte ihnen eine Adlerfeder, die stärkere Schutzkräfte besitze. Die Knaben reisten durch den Morgen und durch den Glanz der Nacht, durch die Dämmerung und die Dunkelheit, und endlich gelangten sie zum Türkishaus, in dem ihr Vater, der Sonnengeist, wohnte.

Sie sahen, daß es dort vier Säle gab, einen gegen Osten, einen gegen Westen, einen gegen Süden und einen gegen Norden. In jedem Saal standen viele kleine Sonnen und helle Lichter. Der Sonnengeist aber hing an einem großen Haken vor der Tür. Am Tor wachten zwei Donnervögel, die ließen die Knaben passieren, darauf aber mußten sie noch an drei anderen Wachtposten vorbei, an dem Wasserungeheuer, der großen Schlange und dem Berglöwen.

Nun begegneten die Zwillinge dem Mondgeist, der sie in einer weißen Wolke vor ihrem Vater verbarg. Doch der Vater hörte, wie sich die Jungen in der Wolke miteinander unterhielten. Da ergriff er sie und warf sie auf die Stacheln aus Obsidian, die im Boden steckten.

Wunderbarerweise blieben die Zwillinge unverletzt. Dies war für den Sonnengeist das erste Zeichen, daß die beiden Knaben seine Söhne waren.

Nun ließ er sie in ein Schwitzhaus bringen, heizte es an, blies den Innenraum voller Rauch, und dabei fragte er die Knaben, wie es ihnen gehe. Sie aber waren durch den Zauber der Adlerfeder geschützt. Es gehe ihnen gut, antworten sie vergnügt.

Schließlich reichte der Vater ihnen vergiftete Pfeifen, die er an einer der kleinen Sonnen entzündete, aber dank der Medizin aus

Weidenblättern, die die Raupe den Zwillingen mitgegeben hatte, hatte das Gift keine Wirkung.
Der Sonnengeist warf sie in einen großen Krug und versuchte, die Zwillinge mit einem Mühlstein zu zermalmen, aber auch aus dieser Prüfung gingen die Knaben unverletzt hervor.
Da schloß sie der Sonnengeist in die Arme, denn nun, nachdem sie all diese Proben wohlbehalten und gesund überstanden hatten, war er ganz sicher, seine beiden Söhne vor sich zu haben. Die Tochter des Sonnengeistes mußte die Zwillinge baden. Danach puderte sie die Knaben mit feinem Maismehl, und der Vater und seine Geisterfrau rieben sie mit den Blättern wohlriechender Blumen ab. Dann aßen alle einen Brei aus Maismehl. Nun fragten die Knaben nach den Waffen und den anderen Geschenken, die sie erhalten sollten. Nach einigem Zögern händigte ihnen der Sonnengeist diese Gaben aus. Er zeigte ihnen, wie man die Pfeile und das Messer benutzt und wie man den magischen Zauberstab verwendet. Und als sie begriffen hatten, mit all diesen Dingen umzugehen, erlaubte er ihnen, zu ihrem Volk zurückzukehren.

Der Junge aus dem Blutklumpen

Es war einmal ein junger Mann, der behandelte seine Schwiegereltern sehr grausam. Er hatte alle drei Töchter der Alten geheiratet, und nun gönnte er ihnen nichts zu essen. Selbst nach einer erfolgreichen Jagd, wenn der Alte dem Jungen beim Ausweiden der Beute geholfen hatte, gab ihm der Schwiegersohn nichts von dem Fleisch ab, sondern teilte seinen Schwiegereltern nichts weiter als die Knochen des erlegten Tieres zu.
Eines Tages schoß der junge Mann einen Büffel. Ehe das Tier verendete, spie es etwas Blut aus. Der alte Mann versteckte den Blutklumpen in seinem Köcher.
»Was hast du da aufgehoben?« fragte der junge Mann.
»Nichts«, antwortete der Alte, »ich habe mir nur einen Dorn aus der Fußsohle gezogen.«
Wie gewöhnlich beanspruchte auch diesmal der Schwiegersohn alles Fleisch für sich, aber der Alte brachte den Blutklumpen seiner Frau heim und befahl ihr, eine Blutsuppe daraus zuzubereiten. Sie warf den Klumpen in einen Kessel voll kochendem Wasser, und plötzlich hörten die beiden Alten aus dem Kessel das Geschrei eines Babys. Die Frau erschrak. »Was hat das zu bedeuten?« fragte sie ängstlich.
»Nimm das Kind aus dem Wasser. Es wird unser Sohn sein«, sagte der alte Mann. Die Frau tat, wie ihr geheißen, und tatsächlich war es ein Junge, den sie da in dem kochenden Wasser fand.

Im nahe gelegenen Zelt hörte der Schwiegersohn das Geschrei des Kindes, und er schickte seine Frauen zu den Alten, damit sie sich das Baby ansähen.
»Ist es ein Mädchen, so will ich es heiraten«, sprach er, »sollte es aber ein Knabe sein, dann werde ich ihn töten.« Die Frau, die schließlich hinüberging, war die jüngste unter den drei Töchtern, und im Gegensatz zu ihren Schwestern hatte sie ihre Eltern immer freundlich behandelt. Sie erkundigte sich bei den Alten, wie es ihr Mann ihr aufgetragen, ob das Baby ein Junge oder ein Mädchen sei. Ihr Vater antwortete:
»Hör zu, dir will ich die Wahrheit sagen ... es ist ein Junge, aber deinem Mann mußt du sagen, es sei ein Mädchen.«
Tatsächlich gelang es der Tochter, ihren Mann zu täuschen, und der schickte der alten Frau ein paar Knochen und Suppe, damit Milch in ihre Brüste trete und sie das Kind nähren könne.
Der alte Mann zweifelte nicht daran, daß dies kein gewöhnliches Kind sein konnte; so nahm er es auf und hielt es an die verschiedenen Zeltstangen im Osten, Westen, Süden und Norden. Bei jeder Berührung mit einer der Stangen wurde das Kind ein wenig größer, und bald war es zu einem kräftigen, hübschen jungen Mann herangewachsen, der zu dem Alten sprach:
»Ich heiße ›Rauchender Stern‹. Ich kam herab zur Erde, um dir zu helfen. Wenn mir das gelungen ist, werde ich wieder in den Himmel zurückkehren.«
Der alte Mann aber nannte den Sohn »Büffelblut«.
Am nächsten Tag ging »Büffelblut« mit dem alten Mann, den er wie seinen Vater ehrte, auf die Jagd, und sie erlegten eine Büffelkuh.
Als der Schwiegersohn in das Zelt des Alten kam und ihn nicht antraf, wurde er zornig. Büffelblut aber gab dem Alten die Nieren des erlegten Tieres.
»Laß ihn sehen, wie du die Nieren ißt«, hatte er dem Vater geraten und sich dann hinter dem toten Büffel verborgen.
Wütend trat der Schwiegersohn auf den Alten zu und fragte ihn, was er da in den Mund stecke. Vor Schreck ließ der Alte die Nieren fallen, aber Büffelblut rief ihm zu:
»Halte sie fest und iß sie auf!«
»Wer redet da?« fragte der junge Mann verwundert.
»Auf dich habe ich schon gewartet«, antwortete Büffelblut, stand auf und legte einen Pfeil auf seinen Bogen.
Er schoß und traf den Schwiegersohn des Alten zuerst an der Hüfte. Der Verwundete versuchte ebenfalls Pfeile aus seinem Köcher zu ziehen, aber es wollte ihm nicht gelingen. Sobald er einen Pfeil berührte, dehnte sich das Geschoß zwischen seinen Fingern. Da traf Büffelblut ihn abermals.
Als der Schwiegersohn des Alten gestorben war, verbrannten die beiden Männer seine Leiche in einem großen Feuer. Dann

gingen sie hinüber in die andere Hütte und töteten auch die bösen Töchter und ihre Kinder; die jüngste Tochter aber verschonten sie.
Büffelblut verließ darauf seinen Vater. Er besuchte viele Stämme und erlebte dabei viele Abenteuer. Er tötete viele Menschen, die das Volk unterdrückten. Auch eine Frau strafte er. Dieses böse Weib war eine Ringerin. Sie pflegte die Menschen, die mit ihr kämpften, auf ein Bett aus Stroh zu werfen, in dem verborgene Messer steckten. Büffelblut kämpfte zum Schein eine Weile mit ihr, ohne seine große Kraft zu gebrauchen, dann aber warf er sie auf das Strohlager, und sie starb den Tod, den sie auch ihm zugedacht hatte.
Ein andermal, als er zu einem Indianerlager unterwegs war, verspürte er einen starken Wind, der ihn fortzutragen drohte. Es war aber der Atem eines großen Fisches, und der Fisch verschlang Büffelblut. Im Magen des Tieres traf der Krieger noch andere Menschen, und schlau sprach er zu ihnen:
»Wir müssen tanzen. Irgendwo ist das Herz dieses Fisches.«
Für diesen Tanz bemalte sich Büffelblut das Gesicht weiß, und um die Augen und den Mund zog er große schwarze Kreise. An seinen Kopf band er ein Messer, das er aus einem Stück weißen Fels verfertigte. Eine Weile saß er da und klatschte nur in die Hände. Dann sprang er auf, begann zu tanzen und schnellte dabei hoch in die Luft. So bohrte sich das Messer wieder und wieder dem Fisch ins Fleisch. Endlich traf Büffelblut mit dem tanzenden Messer das Herz des Fisches und durchbohrte es. Aber damit waren er und die anderen Gefangenen noch längst nicht gerettet. Er mußte erst noch ein Loch in das Fleisch zwischen den Rippen des Untiers schneiden, durch das die anderen Menschen und er dann entkamen.
»Jetzt habe ich die Welt von allen Ungeheuern befreit«, sprach Büffelblut, »nun will ich heimgehen zu meinem alten Vater und zu meiner Mutter.«
Er kehrte zu der Wohnung der alten Leute zurück, aber nicht lange danach sagte er zu ihnen:
»Wenn ihr hört, daß man mich getötet hat, dann seid nicht traurig, denn ich steige dann zum Himmel auf und werde ein rauchender Stern.«
Wieder reiste Büffelblut durchs Land. Er traf eine Schar Krähenindianer, die erschlugen ihn. Aber sein Körper verschwand in dem Augenblick, da er starb, und der rauchende Stern erschien am Himmel, wo ihn jeder noch heute sehen kann.

Die verlorenen Kinder

Ein Stamm rastete auf einer Wanderung an einem Fluß. Es war nur eine kleine Gruppe von Indianern, und sie bauten nur wenige Hütten. Eines Tages überquerten die kleinen Kinder den Fluß, um auf dem anderen Ufer zu spielen. Sie stiegen einen kleinen Hügel hinauf und suchten dort nach Kieseln.

Elf Kinder waren es, unter ihnen auch die beiden Töchter des Häuptlings. Das jüngere der beiden Mädchen war sehr selbstsüchtig. Wenn eines der Kinder einen hübschen Stein fand, wollte es ihn für sich haben, und bekam es ihn nicht, so schrie es und weinte.

Die anderen Kinder neckten die kleine Häuptlingstochter wegen ihrer Unbeherrschtheit, was sie nur noch mehr in Wut brachte. Da nahm ihre ältere Schwester sie bei der Hand und ging mit ihr zum Lager zurück.

Als sie dort ankamen, erzählten die beiden Mädchen ihrem Vater, was geschehen. Sie gaben den anderen Kindern die Schuld an dem Streit. Sie verleumdeten sie. Der Häuptling wurde sehr zornig. Er dachte eine Weile nach. Er sann auf eine besonders boshafte und tückische Strafe. Endlich sprang er auf, trat vor die Hütte und rief so laut, daß es jeder hören mußte:

»Leute, eure Kinder haben mein Kind beleidigt, bis es weinte. Eure Kinder sollen verdammt sein. Wir werden jetzt weiterziehen. Kommen eure Kinder ins Lager zurück, ehe wir aufbrechen, so werden sie getötet; folgen sie uns und holen sie uns ein, so werden sie getötet. Nimmt jemals ein Vater oder eine Mutter eines dieser Kinder wieder in sein Zelt auf, so werden auch sie mit dem Kind sterben.«

Als die anderen Familien das hörten, wurden sie sehr traurig und klagten. Aber sie gehorchten ihrem Häuptling. Sie brachen ihre Zelthütten ab, packten ihre Habe zusammen und machten sich auf den Weg.

Da sich aber der Aufbruch in großer Eile vollzog, blieb mancherlei auf dem Lagerplatz zurück — Messer und Ahlen, Knochennadeln und Mokassins.

Die Kinder am anderen Ufer spielten noch lange mit ihren Kieselsteinen, aber schließlich begannen sie doch hungrig zu werden, und ein kleines Mädchen sagte zu den anderen: »Ich will ins Lager zurückgehen und getrocknetes Fleisch holen, damit wir etwas zu essen haben.«

Es lief also zum Lager, und als es auf die Kuppe des Hügels kam, von der aus man über den Fluß sehen konnte, erkannte es, daß drüben keine Hütten mehr standen, und es wußte nicht, was es denken sollte. Es rief den Kindern, die im Sand spielten, zu: »Das Lager ist fort!«, aber die anderen glaubten ihm nicht und spielten weiter. Es rief weiter, und es kamen einige der anderen Kinder zu ihm herauf, und sie sahen mit eigenen Augen, daß es sich so verhielt, wie es gesagt hatte. Sie stiegen hinunter zum Fluß, überquerten ihn und liefen dorthin, wo die Hütten gestanden hatten. Da fanden sie auf dem Boden all die Dinge, die bei dem eiligen Aufbruch zurückgeblieben waren, und jedes Kind fand irgend etwas, was den Eltern gehörte. Sie weinten und sangen ein kleines Lied:

Mutter, hier ist deine Nadel!
Warum hast du deine Kinder verlassen?
Vater, hier ist dein Bogen!
Warum hast du deine Kinder verlassen?

Große Traurigkeit überkam sie.
Da war unter ihnen ein kleines Mädchen, das trug auf dem Rücken seinen kleinen Bruder, den es sehr liebte. Er war noch sehr klein, ein Säugling. Er war hungrig und begann zu schreien. Das kleine Mädchen sagte zu den anderen:
»Wir wissen zwar nicht, warum sie fortgezogen sind, aber wir wissen, sie sind fort. Wir müssen versuchen, ihrer Spur zu folgen und sie einzuholen.«
Also brachen die Kinder auf. Sie marschierten den ganzen Tag, und als es gerade anfing dunkel zu werden, sahen sie eine kleine Hütte. Sie hatten davon reden hören, daß dort eine böse alte Frau wohne, die die Menschen töte und sie auffresse, aber einige Kinder wollten daran nicht glauben. Sie sagten:
»Vielleicht wohnt dort jemand, der ein gutes Herz hat. Wir sind sehr müde und sehr hungrig und haben nichts zu essen. Laßt uns in diese Hütte gehen.«
Als sie nun eintraten, saß vor dem Feuer eine alte Frau. Sie sprach freundlich zu ihnen und fragte sie, wohin sie reisten, und sie erzählten ihr, daß der Stamm aufgebrochen sei und sie zurückgelassen habe und daß sie nun versuchten, ihre Eltern einzuholen. Die alte Frau gab ihnen zu essen und sagte ihnen, sie sollten ruhig schlafen, morgen könnten sie weiterziehen und nach ihren Eltern suchen.
»Der Stamm«, so erzählte sie, »ist hier vorbeigekommen, als die Sonne schon niedrig stand. Eure Eltern können nicht weit sein. Morgen werdet ihr sie gewiß einholen.«
Sie breitete einige Felle auf dem Boden aus und sagte:
»Nun legt euch dorthin und schlaft. Legt euch nebeneinander mit den Köpfen zum Feuer, und wenn der Morgen kommt, könnt ihr weiterziehen.«
Die Kinder legten sich nieder und waren bald eingeschlafen. Mitten in der Nacht stand die alte Frau auf und machte ein großes Feuer, setzte einen großen Kessel auf und füllte ihn mit Wasser. Dann nahm sie ein großes Messer und begann einem Kind nach dem anderen den Kopf abzuschneiden und ihn in den

Topf zu werfen. Das kleine Mädchen mit dem Baby lag am Ende der Reihe, und während die alte Frau mordete, wachte es auf und sah, was da geschah. Als die alte Frau nahe zu ihm herankam, sprang es auf und begann, um sein Leben zu bitten.

»Ich bin stark«, sagte das Mädchen, »ich will für dich arbeiten. Ich kann dir Holz und Wasser bringen und deine Häute gerben. Bitte töte nicht meinen kleinen Bruder und mich. Hab Mitleid mit uns. Laß uns am Leben. Alle haben uns verlassen. Du mußt Mitleid haben. Du wirst sehen, wie gut mir die Arbeit von der Hand geht.«

Die alte Frau dachte eine kleine Weile nach, dann sagte sie: »Gut, ich werde dich verschonen . . ., jedenfalls für einige Zeit. Heute nacht wirst du ruhig und sicher schlafen.«

Am nächsten Tag nahm das kleine Mädchen seinen Bruder auf den Rücken, ging hinaus und sammelte einen großen Stoß Holz. Noch ehe die alte Frau erwacht war, hatte es das Holz vor der Hütte aufgeschichtet. Später befahl die alte Frau dem Mädchen, mit einem Eimer Wasser vom Fluß zu holen. Das Mädchen nahm seinen Bruder wieder auf den Rücken, griff sich den Eimer und wollte gehen.

»Warum trägst du immer das Kind mit dir herum?« sagte die alte Frau. »Laß es nur hier.«

»Nein«, sagte das Mädchen, »es ist an mich gewöhnt, wenn ich es hierlasse, wird es schreien und Lärm machen.« Die alte Frau murrte, aber das Mädchen lief, den Bruder auf dem Rücken, zum Fluß.

Als es dort ankam und gerade damit beschäftigt war, den Eimer zu füllen, kam ein großes Tier herbeigelaufen. Es war ein Gebirgsbüffel, eines von jenen Tieren, die im Unterholz leben; es hatte langes Haar an seinem Kopf, das voller Kiefernnadeln, Stöcken und Zweigen hing. Das Mädchen bat den Büffel, es und seinen kleinen Bruder über den Fluß zu tragen und sie so vor der bösen alten Frau zu retten. Der Büffel sagte:

»Ich werde euch hinüberbringen, aber erst nimm ein paar der Stöcke aus meinem Haar.« Das Mädchen bat noch einmal, mit ihm und seinem Bruder gleich hinüberzuschwimmen, aber der Büffel bestand darauf, erst müsse es die Stöcke aus seinem Haar reißen. Das Mädchen gehorchte, aber es war noch nicht fertig, da hörte es schon die alte Frau kreischend rufen, wann endlich das Wasser komme. Das Mädchen antwortete: »Ich versuche sauberes Wasser zu finden«, und fuhr fort, dem Büffel die Zweige und Nadeln aus dem Haar zu ziehen. Die alte Frau rief: »Beeil dich, bring endlich das Wasser.« Das Mädchen antwortete: »Warte, ich wasche meinen kleinen Bruder.« Bald schalt die alte Frau: »Wenn du jetzt nicht endlich das Wasser bringst, werde ich dich samt deinem Bruder auf der Stelle töten.« Jetzt endlich hatte das Mädchen fast alles Gestrüpp aus dem Haar des Büffels

gezogen, und er hieß es mit seinem Bruder aufsteigen und schwamm mit den Kindern über den Fluß. Als sie das andere Ufer erreicht hatten, sah das Mädchen die alte Frau mit einem großen Stock in der Hand dahergerannt kommen. Das Mädchen folgte den Spuren des Stammes und der Büffel schwamm wieder zurück. Drüben stand die alte Frau und beschimpfte ihn:

»Warum hast du die Kinder über den Fluß getragen? Gleich nimmst du mich auch auf deinen Rücken und schwimmst mit mir hinüber.«

»Erst mußt du mir die Stöcke aus dem Haar ziehen«, verlangte der Büffel.

Da wurde die alte Frau zornig und schlug auf den Büffel mit ihrem großen Stock ein, aber als sie sah, daß das Tier sich nicht von der Stelle bewegte, schickte sie sich doch an, ihm das Haar zu säubern, wenn auch sehr grob und unter ständigen Drohungen, wie sie ihn strafen werde, wenn sie erst die Kinder wieder eingefangen habe. Endlich ließ sie der Büffel aufsteigen und begann mit ihr über den Fluß zu schwimmen, aber er schwamm ihr nicht schnell genug, und wieder schlug sie mit ihrem Stock auf ihn ein, damit es schneller vorangehe. Aber als der Büffel die Mitte des Flusses erreicht hatte, rollte er sich auf die Seite. Die alte Frau fiel von seinem Rücken herab, wurde vom Wasser fortgerissen und ertrank.

Das Mädchen folgte mehrere Tage den Spuren und ernährte sich und seinen kleinen Bruder mit Beeren und Wurzeln. Schließlich, an einem Abend, als es schon dunkel geworden war, hatte es die Erwachsenen eingeholt. Es ging zu der Hütte einer alten Frau, und die Alte hatte Mitleid, gab ihm zu essen und erklärte ihm, wo die Hütte seines Vaters stand.

Als nun das Mädchen und sein kleiner Bruder zu den Eltern kamen, wollten die ihre eigenen Kinder nicht aufnehmen. Das Mädchen bettelte für seinen kleinen Bruder, der schon ganz dünn und schwach war, da lief die Mutter zum Häuptling und meldete ihm, die Kinder seien heimgekommen. Der Häuptling wurde bei dieser Nachricht sehr zornig, er befahl, daß die Geschwister am nächsten Tag an einen Pfahl gebunden werden sollten. »So können sie uns nicht folgen«, sagte er, »wir aber ziehen weiter.«

Als die alte Frau von dem Befehl des Häuptlings hörte, verbarg sie ein Bündel mit getrocknetem Fleisch im Gras nahe dem Lager. Dann rief sie ihren Hund, einen kleinen, wolligen Hund, und sagte zu ihm:

»Hör gut zu. Morgen, wenn wir aufbrechen, werde ich dich rufen, dann darfst du nicht auf mich hören. Renn fort und tu so, als jagtest du einem Kaninchen nach. Ich werde dann versuchen, dich zu fangen, und habe ich dich, dann tue ich so, als würde ich dich prügeln, folge mir trotzdem nicht. Bleib zurück, und wenn wir alle fort sind, beiß die Stricke, mit denen die Kinder

festgebunden sind, durch und zeig den beiden, wo ich das Fleisch versteckt habe. Dann kannst du mir nachkommen.«
Der Hund saß vor der Alten, hörte gut zu und wiegte den Kopf hin und her, als habe er alles verstanden.
Am nächsten Morgen geschah alles so, wie es der Häuptling befohlen hatte. Die Kinder wurden mit Lederschnüren an einen Pfahl gebunden und alle Hütten abgebrochen. Der Stamm zog fort. Die alte Frau rief ihren Hund, aber der grub an einem Erdhörnchenloch und wollte nicht hören. Da ging sie zu ihm hin und schlug ihn, aber er entwischte ihr und rannte weg. Die alte Frau wurde wütend, sie schimpfte mit dem Hund, aber er kümmerte sich nicht darum. Endlich lief sie den anderen nach.
Als alle Angehörigen des Stammes verschwunden waren, rannte der Hund zu den Kindern, nagte die Schnüre durch und befreite das Mädchen und seinen kleinen Bruder.
Der Hund freute sich, er tänzelte umher und bellte. Er blieb vor dem kleinen Mädchen stehen, schaute ihm ins Gesicht, und dann trottete er davon. Aber von Zeit zu Zeit blieb er immer wieder stehen und sah sich noch einmal nach den Kindern um. Das Mädchen dachte, er wolle ihnen zu verstehen geben, sie sollten ihm folgen. Also lief es hinterdrein, und der Hund führte es zu der Stelle, an der das getrocknete Fleisch versteckt lag, und zeigte es ihm. Danach leckte er das Gesicht des kleinen Jungen, rannte der Spur des Stammes nach und schaute nicht mehr zurück. Das Mädchen folgte ihm nicht. Es wußte nun, daß es zwecklos war, wieder ins Lager zu gehen. Seine Eltern würden es nicht aufnehmen, und der Häuptling würde darauf bestehen, daß sie getötet wurden.
Das Mädchen nahm seinen kleinen Bruder auf den Rücken, hob das Bündel mit getrocknetem Fleisch auf und ging davon. Es wanderte viele Tage, und endlich kam es an einen Ort, an dem es zu bleiben gedachte. Hier baute es eine kleine Hütte. Eines Nachts hatte es einen Traum. Im Schlaf sah es eine alte Frau, die sagte zu ihm: »Nimm morgen deinen kleinen Bruder und binde ihn an einen der Stützpfähle der Hütte, am Tag darauf binde ihn an einem anderen der Pfähle fest und so immer weiter, bis er an jedem der Pfähle einmal festgebunden worden ist. Dann wird dir geholfen werden, und dein Unglück wird ein Ende nehmen.«
Als das Mädchen erwachte, erinnerte es sich daran, was es geträumt hatte, und band seinen kleinen Bruder an einen der Stützpfähle, und jeden Tag verfuhr es so, wie ihm die alte Frau im Traum geheißen. Jeden Tag wurde der Bruder größer, und am Ende war er ein schöner junger Mann.
Das Mädchen war froh und stolz auf seinen Bruder, der nun groß und stark war. Er sprach nicht viel, und es gab sogar Tage, an denen er kein Wort sagte. Er schien die ganze Zeit über nach-

zudenken. Eines Morgens erzählte er dem Mädchen, er wolle eine Büffelgrube bauen, und bat es, ihm zu helfen. Es tat, wie er ihm geheißen, und als die Büffelgrube fertig war, sagte der Junge zu seiner Schwester:

»Die Büffel werden zu uns kommen, aber du darfst sie nicht sehen. Wenn es soweit ist, bedecke dein Gesicht und senke deinen Kopf, schau nicht auf, bis ich dir ein Stück Niere zuwerfe.«

Das Mädchen versprach, sich genau an seine Anweisungen zu halten.

Als die Zeit kam, sagte ihm der Junge, wohin es gehen solle, und es lief zu einem Platz nicht weit von der Hütte und nicht weit von der Büffelgrube, kauerte sich nieder, verhüllte seinen Kopf und blickte zu Boden. Nachdem es so eine Weile dagesessen hatte, hörte es das Geräusch rennender Tiere; da wurde es aufgeregt und neugierig und hob seinen Kopf; aber alles, was es sah, war nur sein Bruder, der nahebei stand und zu ihm hinsah. Ehe er etwas sagen konnte, sprach es zu ihm:

»Mir war, als seien die Büffel gekommen, und da ich sehr hungrig bin, vergaß ich mein Versprechen und schaute auf. Vergib mir diesmal, ich will versuchen, dir hinfort besser zu gehorchen.«

Wieder blickte es zu Boden und bedeckte sein Gesicht.

Bald hörte es wieder das Geräusch der anstürmenden Tiere; zuerst war es weit fort, dann kam es näher und näher, bis es endlich ganz nahe schien, und das Mädchen meinte, die Büffel würden über es hinweggehen und es zertrampeln. Da sprang das Mädchen angstvoll auf, sah sich um, aber wieder war nur der Bruder zu sehen, der seine Schwester traurig betrachtete. Sie ging zu ihm hin und sagte:

»Verzeih mir. Ich hatte Angst, die Büffel würden mich zertrampeln.«

Er sprach: »Dies ist das letzte Mal, wenn du wieder hinsiehst, werden wir verhungern müssen, aber wenn du das tust, was ich dir gesagt habe, wird es uns immer gutgehen, und es wird uns nie an Fleisch mangeln.«

Das Mädchen sah ihn an und sagte: »Ich will nicht hinsehen, selbst wenn die Tiere über mich hinweggehen. Ich will nicht hinsehen, bis du mir die Niere zuwirfst.« Wieder verhüllte das Mädchen seinen Kopf, und diesmal preßte es sein Gesicht auf die Erde und steckte die Finger in die Ohren, damit es nichts höre. Plötzlich, rascher, als es gedacht, spürte es einen Schlag von dem Fleisch, das der Bruder ihm zuwarf, es sprang auf, griff die Niere und begann, sie zu essen. Nicht weit von ihm, beugte sich der Bruder über eine fette Kuh. Da ging das Mädchen zu ihm hin und half ihm, das Tier zu schlachten. Nachdem sie damit fertig waren, zündete es ein Feuer an und kochte die besten Teile des Fleisches, und sie aßen und waren sehr zufrieden.

Der Junge wurde ein großer Jäger. Er schnitt sich gute Pfeile, die schneller flogen als ein Vogel, und während er jagte, beobachtete er alle Tiere und alle Vögel und lernte, wie man ihre Stimmen nachmacht. Während er auf der Jagd war, gerbte das Mädchen die Büffelhäute und die Häute der anderen Tiere. Es baute eine schöne neue Hütte, und der Junge bemalte die Wände mit den Figuren all der Vögel und Tiere, die er getötet hatte.

Eines Tages, als das Mädchen Wasser brachte, sah es jemanden näher kommen. Es ging in die Hütte, sagte es dem Bruder, und der lief dem Fremden entgegen. Es stellte sich heraus, daß der Fremde freundlich war, aber er hatte Pech auf der Jagd gehabt und nichts erlegt. Er war dem Verhungern nahe und sehr verzweifelt, und als er die Hütte sah, entschloß er sich, dort anzuklopfen. Wie er nun näher kam, begann er sich zu fürchten. Er fragte sich, ob die Menschen, die dort lebten, Feinde oder Geister seien; aber er dachte: »Ich habe keine Wahl, ob ich nun hier verhungere oder von ihnen getötet werde, das bleibt sich gleich«, also ging er auf die Hütte zu. Der Fremde war sehr erstaunt, einen freundlichen jungen Mann zu treffen, der seine Sprache sprach. Der Junge führte ihn in die Hütte, und das Mädchen setzte ihm Essen vor. Nachdem er gegessen hatte, erzählte er seine Geschichte, daß das Wild fortgezogen sei und viele Menschen seines Stammes vor Hunger gestorben wären. Während er erzählte, betrachtete das Mädchen den Mann genau, und schließlich fiel ihm ein, daß er zu seinem Stamm gehörte. Das Mädchen stellte ihm Fragen, und er erzählte von verschiedenen Leuten im Lager und auch von der alten Frau mit dem kleinen Hund.

Nachdem der Fremde sich ausgeruht hatte, sagte ihm der Junge, er solle zu dem Stamm zurückkehren und die Leute hierherführen, denn an diesem Ort gäbe es viel Wild.

Wie nun der Fremde gegangen war, sprachen Bruder und Schwester darüber, was früher geschehen war. Das Mädchen hatte seinem Bruder oft davon erzählt, wie es gelitten hatte, was der Häuptling befohlen und wie sich seine eigenen Eltern gegen es gewandt, es zuerst im Stich gelassen und später an den Stamm gefesselt hatten, und daß der einzige Mensch, der ihnen geholfen habe, die alte Frau gewesen sei. Als es den Bruder jetzt wieder daran erinnerte, beschloß er, daß alle, die ihnen Böses zugefügt hatten, sterben sollten.

Als der Fremde mit der Nachricht in das Lager des Stammes zurückkam, waren dort alle Leute sogleich bereit, ihm zu den guten Jagdgründen zu folgen. Und als der Stamm zu dem Lager der verlorenen Kinder kam, fand er dort auch alles so, wie der Fremde es versprochen hatte. Der Bruder gab ein Fest, und jenen, die er gern hatte, machte er viele Geschenke; der alten Frau mit dem Hund aber gab er das kostbarste Geschenk von allen. Dem Häuptling schenkte er nichts; da schämte sich der Mann sehr. Den Eltern gab der Junge nichts zu essen, er band aber einen

Knochen an die Stützstangen der Hütte und forderte die Eltern auf, ihn abzunagen. Sie waren sehr hungrig und versuchten nach dem Knochen zu greifen, und als sie nun ihre Hälse hochreckten, denn der Knochen hing hoch über ihnen, schnitt ihnen der Junge die Kehlen durch. Da bekamen all die Leute des Stammes Angst, am meisten aber fürchtete sich der Häuptling. Doch der Junge erzählte ihnen, was geschehen war und wie er und seine Schwester überlebt hatten.
Danach sagte der Häuptling, er bereue seine bösen Taten, und schlug vor, den jungen Mann an seiner Stelle zum Häuptling zu machen. Die anderen Leute waren froh, daß sie so ihrem Tod entgehen konnten. Sie setzten den Jungen als Häuptling ein, und lange herrschte er über die Leute dieses Lagers.

Narbengesicht

In frühester Zeit gab es keinen Krieg. Bei allen Stämmen herrschte Friede. Zu jener Zeit war da ein Mann, der hatte eine wunderschöne Tochter. Viele junge Männer wollten sie heiraten, aber immer, wenn jemand um ihre Hand anhielt, schüttelte sie nur den Kopf und sagte, sie wolle keinen Mann.
»Was hast du?« fragte sie ihr Vater. »Einige dieser jungen Männer sind reich, schön und tapfer.«
»Warum sollte ich heiraten?« antwortete das Mädchen. »Ich habe einen reichen Vater. Unsere Wohnung ist gut. Unsere Vorratskammern sind nie leer. Wir besitzen viele gegerbte Häute und weiche Felle für den Winter. Mir fehlt es an nichts.«
Die Sippe der Raben hielt einen Tanz ab, alle trugen ihre schönsten Kleider und ihren besten Schmuck, und jeder von ihnen gab beim Tanz sein Bestes. Danach hielten einige der Männer um das Mädchen an, aber wieder sagte es nein. Dann hielten die Büffel, die Füchse und andere Sippen ihre Tänze ab, und unter ihnen waren viele reiche und berühmte Krieger, die den Mann baten, er möge ihnen seine Tochter zur Frau geben, und abermals sagte sie bei jedem, der um sie warb, nein. Da wurde ihr Vater zornig und sagte: »Was soll das? Die besten Männer des Stammes haben um dich angehalten, und immer noch sagst du nein. Ich glaube, du hast heimlich einen Liebhaber.«
»Oh!« rief die Mutter »Schande über uns, ein Kind wird geboren werden, und unsere Tochter ist immer noch ledig.«
»Vater und Mutter!« sprach das Mädchen. »Habt doch ein Einsehen. Ich habe keinen geheimen Liebhaber. Jetzt sollt ihr die Wahrheit erfahren. Die Sonne hat zu mir gesprochen. ›Heirate keinen dieser Männer‹, hat sie gesagt, ›du bist mein. Wenn du mir gehorchst, wirst du immer glücklich sein und lange leben. Aber halte mein Gebot. Du darfst nicht heiraten. Du gehörst mir.‹«

»Wenn das so ist«, antwortete der Vater, »müssen wir uns daran halten.« Und sie sprachen nicht mehr weiter darüber.
Es gab da einen armen jungen Mann. Sehr arm war er. Sein Vater, seine Mutter und all seine Verwandten waren zu den Sandhügeln gezogen. Er besaß keine Hütte, keine Frau, die seine Häute hätte gerben und ihm Mokassins nähen können ...
Mal lebte er bei dieser, mal bei jener Familie. Er war gut gewachsen, nur hatte er auf der einen Wange eine Narbe, und seine Kleider waren alt und abgerissen. Nach einem der großen Tänze trafen die jungen Männer das arme Narbengesicht. Sie lachten es aus und sagten: »Warum wirbst du nicht um das schöne Mädchen, wo du doch so reich und gut gewachsen bist!«
Narbengesicht lachte nicht, er antwortete:
»Gut, ich will auf euren Rat hören. Ich werde um sie anhalten.«
All die jungen Männer hielten das für einen guten Spaß. Sie lachten. Narbengesicht aber ging hinunter zum Fluß. Er wartete dort an der Stelle, wo die Frauen Wasser schöpften, und nach einiger Zeit kam auch das schöne Mädchen.
»Mädchen«, sagte er, »warte. Ich will mit dir sprechen. Nicht wie einer, der etwas im Schilde führt, sondern offen und ehrlich, dort, wo die Sonne zuschauen und jeder es sehen kann.«
»Sprich nur«, sagte das Mädchen.
»Ich habe dich die ganze Zeit beobachtet«, sagte der junge Mann, »du hast alle jungen Männer, die reich und tapfer waren, abgewiesen. Heute haben sie mich ausgelacht und zu mir gesagt: ›Warum hältst du nicht um sie an?‹ Ich bin arm, sehr arm. Ich habe keine eigene Hütte, keine Nahrung, keine Kleider, keine Felle und keine warmen Pelze. Ich habe keine Verwandten, dennoch bitte ich dich, erbarme dich meiner und werde meine Frau.«
Das Mädchen verhüllte sein Gesicht mit seinem Umhang, mit der Spitze seines Mokassins scharrte es im Sand. Es dachte nach. Nach geraumer Zeit sagte es:
»Es ist wahr. Ich habe all die anderen jungen Männer abgewiesen, aber jetzt fragst du mich, und ich bin froh. Ich werde deine Frau werden. Du bist arm, aber das macht nichts. Mein Vater wird dir einige seiner Hunde schenken. Meine Mutter wird uns eine Hütte bauen. Meine Verwandten werden uns Felle und Pelze geben. Du wirst nicht länger arm sein.«
Da wollte der junge Mann es umarmen und küssen, aber es hielt ihn zurück und sagte: »Warte! Die Sonne hat zu mir gesprochen. Sie hat mir gesagt, ich dürfe nicht heiraten, ich gehöre ihr. Die Sonne sagte, falls ich gehorchte, würde ich lange leben. Jetzt sage ich dir: Geh zum Sonnengeist. Sag ihm, daß du mich heiraten willst. Sag ihm, er soll die Narbe auf deiner Wange verschwinden lassen. Das soll das Zeichen sein, daß er einwil-

ligt. Aber wenn er sich weigert oder wenn du seine Wohnung nicht finden kannst, dann darfst du auch nicht zu mir zurückkommen.«

»Oh!« rief der junge Mann. »Zuerst klangen deine Worte gut. Ich war froh. Nun aber ist alles dunkel. Mein Herz ist tot. Wo ist diese Hütte, in der der Sonnengeist wohnt? Wie soll ich den Weg finden, den noch niemand gereist ist?«

»Nur Mut«, antwortete das Mädchen, und es ging zu seiner Hütte zurück.

Narbengesicht war traurig. Er verhüllte seinen Kopf mit seinem Umhang und versuchte, sich schlüssig zu werden, was er tun solle. Nach einer Weile stand er auf und ging zu einer alten Frau, die immer freundlich zu ihm gewesen war.

»Hab Mitleid mit mir«, sprach er, »ich bin sehr arm. Ich muß eine lange Reise machen. Nähe mir ein Paar Mokassins.«

»Wohin willst du reisen?« fragte die alte Frau. »Wir haben doch keinen Krieg, alles ist friedlich.«

»Ich weiß nicht, wohin ich gehen werde«, antwortete Narbengesicht, »ich habe Kummer, aber ich kann mit dir nicht darüber sprechen.«

Also nähte ihm die alte Frau ein Paar Mokassins, nein, nicht nur ein Paar — sieben Paar nähte sie ihm mit guten Sohlen, und sie gab ihm auch einen Sack mit getrockneten Beeren, gedörrtem Fleisch und Fett vom Rücken des Büffels, denn sie hatte ein gutes Herz. Sie mochte den jungen Mann gern.

Ganz allein und mit traurigem Herzen stieg der junge Mann den Abhang hinauf und warf von oben einen letzten Blick auf das Lager. Er fragte sich, ob er seine Liebste und sein Volk jemals wiedersehen werde.

»Hab Mitleid mit mir, Sonnengeist«, betete er, dann wandte er sich um und suchte den Weg.

Viele Tage reiste er, über weite Prärien, durch dichte Wälder, über Flüsse und Gebirge — und jeden Tag wurde der Knappsack etwas leichter, aber er hob von den Lebensmitteln, die ihm die alte Frau mitgegeben hatte, so viel auf, wie er nur irgend konnte, und aß Beeren und Wurzeln und manchmal tötete er ein Tier. Eines Nachts hielt er an vor der Wohnung des Wolfs. »Hai-yah!« sagte der. »Was tut mein Bruder hier, so fern von seinem Dorf?«

»Ach«, antwortete Narbengesicht, »ich suche den Ort, an dem der Sonnengeist wohnt. Ich muß mit ihm reden.«

»Ich bin weit herumgekommen«, sagte der Wolf, »ich kenne alle Prärien, die Täler und die Gebirge, aber die Wohnung des Sonnengeistes habe ich nirgends gesehen. Aber warte. Ich weiß, wer dir helfen könnte. Frag den Bären. Vielleicht kann er dir sagen, wo der Sonnengeist wohnt.«

Am nächsten Tag reiste der junge Mann weiter. Hier und da

blieb er stehen, um ein paar Beeren zu pflücken, und als die Nacht kam, erreichte er die Hütte des Bären.
»Wo kommst du her?« fragte ihn der Bär. »Warum reist du so allein, mein Bruder?«
»Hilf mir!« sagte der junge Mann. »Ich suche die Sonne. Ich muß den Sonnengeist etwas fragen. Das Mädchen hat es mir aufgetragen.«
»Ich weiß nicht, wo er rastet«, antwortete der Bär, »ich bin vielen Flüssen gefolgt, ich kenne die Gebirge, aber an die Wohnung des Sonnengeistes bin ich nie gekommen. Dort drüben wohnt einer mit einem gestreiften Gesicht, der ist sehr schlau. Geh und frag ihn.«
Der Dachs saß in seinem Loch. Sich vorbeugend, rief der junge Mann:
»Oh, du kluger Dachs, du großmütiges Tier. Komm hervor, ich muß mit dir reden.«
»Was willst du?« fragte der Dachs und steckte seinen Kopf aus dem Loch hervor.
»Ich suche die Wohnung des Sonnengeistes«, antwortete Narbengesicht, »ich will mit ihm sprechen.«
»Ich kann dir auch nicht sagen, wo er wohnt«, knurrte der Dachs, »ich reise nie sehr weit. Aber dort drüben, in diesem Wäldchen, wohnt ein Faultier, das kommt weit herum und kennt sich aus. Vielleicht kann es dir weiterhelfen.«
Da sah sich Narbengesicht im Wald nach dem Faultier um, aber er konnte es nirgends finden.
»Hai'-yu! Hai'-yu!« rief der junge Mann. »Faultier, hab Erbarmen mit mir. Mein Proviant ist zu Ende. Meine Mokassins sind durchgelaufen. Ich muß sterben.«
»Was gibt's denn, mein Bruder?« hörte er da jemanden sagen, und als er sich umsah, saß das Tier dicht vor ihm.
»Das Mädchen, das ich heiraten möchte«, erzählte Narbengesicht, »ist der Sonne versprochen. Jetzt versuche ich, den Sonnengeist zu finden und bei ihm um sie anzuhalten.«
»Ich weiß, wo der Sonnengeist lebt«, sagte das Faultier. »Warte, jetzt ist es bald Nacht. Morgen will ich dir den Weg zu dem großen Wasser zeigen. Er wohnt am anderen Ufer.«
Sehr zeitig am Morgen zeigte das Faultier dem jungen Mann den Weg, und Narbengesicht lief zu, bis er an das Ufer des großen Wassers kam. Er sah hinüber, und das Herz blieb ihm beinahe stehen. Nie zuvor hatte er ein so großes Wasser gesehen. Man sah nicht bis zum anderen Ufer. Das Wasser schien kein Ende zu haben. Sein Proviant war aufgebraucht, seine Mokassins durchgelaufen. Sein Herz war krank. »Ich kann nicht über das große Wasser kommen«, sagte er, »ich kann nicht zu meinem Volk zurückkehren. Hier am Ufer werde ich sterben.«
Nichts da. Hilfe kam. Zwei Schwäne schwammen heran.

»Warum bist du hierhergekommen?« fragten sie ihn. »Was machst du hier? Bis zu den Wohnungen der Menschen ist es sehr weit.«
»Ich bin hier, um zu sterben«, antwortete Narbengesicht. »Weit fort, in meinem Land, lebt ein schönes Mädchen. Ich will es heiraten, aber es gehört dem Sonnengeist. Deshalb bin ich aufgebrochen, um ihn zu suchen und ihn zu bitten, es mir zur Frau zu geben. Viele Tage bin ich gewandert. Mein Proviant ist zu Ende. Ich kann nicht zurück. Ich kann auch das große Wasser nicht überqueren. Also muß ich sterben.«
»Nein«, sprachen die Schwäne, »fasse Mut. Wir werden dich auf unseren Rücken hinübertragen.«
Narbengesicht sprang auf. Er fühlte sich wieder stark. Er watete ins Wasser, legte sich auf die Rücken der Schwäne, und sie trugen ihn fort. Sehr tief und schwarz ist dieses Wasser. Seltsame Wesen wohnen dort, riesige Tiere, die die Menschen greifen und sie ertränken. Aber die Schwäne trugen ihn sicher ans andere Ufer. Dort führte ein breiter Weg ins Land hinein.
»Kyi«, sagten die Schwäne, »jetzt bist du der Wohnung des Sonnengeistes ganz nahe. Folge diesem Weg, und du wirst dem Sonnengeist bald begegnen.«
Narbengesicht machte sich auf, und bald sah er, daß da einige wunderbare Dinge auf dem Weg lagen: ein Kriegshemd, ein Schild, ein Bogen und Pfeile. Nie zuvor hatte er so schöne Waffen gesehen, aber er rührte sie nicht an. Er ging vorsichtig um sie herum und lief weiter. Nach einer Weile traf er einen jungen Mann, und es war der schönste Mensch, den er je gesehen hatte. Sein Haar war sehr lang, und er trug Kleider aus seltsamen Häuten. Seine Mokassins waren mit bunten Federn benäht. Der junge Mann sagte zu ihm:
»Hast du die Waffen gesehen, die auf dem Weg lagen?«
»Ja«, antwortete Narbengesicht, »ich habe sie gesehen.«
»Aber du hast sie nicht angerührt?«
»Nein, ich dachte mir, sie gehören jemandem, der sie dort liegengelassen hat, deswegen habe ich sie nicht mitgenommen.«
»Du bist jedenfalls kein Dieb«, sagte der junge Mann. »Wie ist dein Name?«
»Narbengesicht.«
»Wohin gehst du?«
»Zur Sonne.«
»Mein Name«, erklärte der junge Mann, »ist A-pi-su'-ahts, das heißt ›der Frühaufsteher‹, andere nennen mich auch den Morgenstern. Der Sonnengeist ist mein Vater; komm, ich will dich zu unserer Hütte bringen. Mein Vater ist jetzt nicht zu Haus, aber zur Nacht wird er heimkommen.« Bald kamen sie an die Hütte. Es war eine schöne und geräumige Wohnung, seltsame Medizintiere waren auf die Wände gemalt. Hinter der Hütte lagen

auf einem Dreifuß seltsame Waffen und schöne Kleider. Sie gehörten der Sonne. Narbengesicht schämte sich, einzutreten, aber der Morgenstern sagte: »Nur keine Angst, mein Freund. Wir freuen uns über deinen Besuch.«

Sie gingen in die Hütte. Drinnen saß eine Frau, Ko-ko-mik'-e-is, das rote Licht der Nacht, die Frau des Sonnengeistes und Morgensterns Mutter. Sie redete Narbengesicht freundlich an und gab ihm etwas zu essen. »Warum bist du von so weit her gekommen?« fragte sie.

Da erzählte ihr Narbengesicht von dem schönen Mädchen, das er heiraten wollte. »Es gehört dem Sonnengeist«, erklärte er, »und ich bin gekommen, weil ich um es anhalten will.«

Als die Zeit herankam, da der Sonnengeist heimkehrte, verbarg seine Frau Narbengesicht unter einem Haufen Häute. Als nun der Sonnengeist auf die Türschwelle trat, blieb er stehen und sagte:

»Ich rieche etwas.«

»Ja, Vater«, sagte der Morgenstern, »ein junger Mann ist gekommen. Er will dich sprechen. Man kann ihm vertrauen. Ich habe meine Waffen auf den Weg gelegt, den er gekommen ist, und er hat sie nicht berührt.«

Narbengesicht kroch unter den Häuten hervor, der Sonnengeist kam herein und setzte sich.

»Ich freue mich, daß du in unsere Hütte gekommen bist«, sagte er, »du kannst bei uns bleiben, so lange es dir gefällt. Mein Sohn ist manchmal einsam. Sei sein Freund.«

Am nächsten Tag rief die Frau des Sonnengeistes Narbengesicht zu sich und sagte zu ihm:

»Du kannst mit Morgenstern gehen, wohin du willst, nie aber dürft ihr nahe dem großen Wasser jagen. Laß ihn nicht dorthin. Große Vögel mit langen scharfen Schnäbeln hausen dort, sie töten jeden. Ich habe viele Söhne gehabt. Die Vögel haben sie alle umgebracht. Nur Morgenstern ist mir geblieben.«

Lange blieb Narbengesicht bei der Familie und jagte mit Morgenstern. Eines Tages kamen sie an das Wasser und sahen die großen Vögel.

»Komm«, sagte Morgenstern, »wir wollen hingehen und einige dieser Vögel erlegen.«

»Nein, nein«, warnte Narbengesicht, »das werden wir nicht tun. Es sind schreckliche Vögel. Sie werden uns töten.« Morgenstern aber hörte nicht. Er lief auf das Wasser zu, und Narbengesicht folgte ihm. Er wußte, er mußte die Vögel töten, wenn er den Freund retten wollte. Gelang ihm das nicht, so würde der Sonnengeist zornig werden, und dann würde sein letztes Stündlein geschlagen haben. Er lief voraus und traf auf die Vögel, die ihnen entgegenkamen. Alle tötete er mit seinem Speer, nicht einer blieb am Leben. Dann schnitten die beiden jungen Männer

den Vögeln die Köpfe ab und trugen ihre Beute heim. Morgensterns Mutter war froh, als sie hörte, was geschehen war. Sie weinte und nannte Narbengesicht »meinen Sohn«. Als der Sonnengeist an diesem Abend heimkam, war auch er sehr zufrieden. »Mein Sohn«, sagte er zu Narbengesicht, »ich werde dir nie vergessen, was du für uns getan hast. Sag mir jetzt, was ich für dich tun kann.«
»Hai'-yu«, antwortete Narbengesicht, »hab Erbarmen mit mir. Ich bin hier, um dich um dieses Mädchen zu bitten. Ich möchte es heiraten. Ich fragte es, und es war froh, aber es sagte mir, es gehöre dir und du habest ihm gesagt, es solle nicht heiraten.«
»Was du sagst, ist wahr«, sprach der Sonnengeist, »aber ich gebe es dir; es gehört dir. Ich bin froh, daß es so klug war. Ich weiß, es hat nie unrecht getan. Dem Sonnengeist gefallen Frauen, die sind wie es. Sie sollen lange leben, und ihre Männer und Kinder auch. Geh jetzt heim. Hör auf mich, sei klug, hör auf mich. Ich bin der einzige Häuptling. Alles gehört mir. Ich habe die Erde geschaffen, die Gebirge, die Prärien, die Flüsse und die Wälder. Ich habe die Menschen geschaffen und all die Tiere. Deswegen sage ich: Ich bin der einzige Häuptling. Ich werde nie sterben. Gewiß, der Winter macht mich alt und krank, aber jeden Sommer werde ich wieder jung.«
Dann sagte der Sonnengeist: »Welches von meinen Tieren ist das klügste? Der Rabe, denn er findet immer Nahrung. Er ist nie hungrig. Welches meiner Tiere ist das heiligste? Der Büffel. Er ist für die Menschen bestimmt. Er gibt ihnen Nahrung und Schutz. Welcher Teil seines Körpers ist heilig? Die Zunge. Sie gehört mir. Was ist sonst noch heilig? Die Beeren. Sie gehören mir auch. Komm mit mir und sieh die Welt.« Und er nahm Narbengesicht mit und führte ihn an den Rand des Himmels, und sie sahen hinunter und erblickten eine Hütte, die war rund und flach. Da sagte der Sonnengeist: »Wird ein Mann krank oder gerät er in Gefahr, soll sein Weib versprechen, eine Hütte zu bauen, wenn er gesund wird. Und wenn die Frau rein und ehrlich ist, dann werde ich gnädig sein und dem Mann helfen. Ist sie aber schlecht und verlogen, so werde ich zürnen. Die Hütte aber soll aussehen wie die Welt, rund, mit Mauern, zuvor aber sollt ihr ein Schwitzhaus bauen. Es soll sein wie der Himmel. Die eine Hälfte sollt ihr rot malen. Das bin ich. Und die andere Hälfte soll schwarz sein. Das ist die Nacht.«
Weiter sagte die Sonne: »Was ist das Beste: das Herz oder das Gehirn? Das Gehirn. Das Herz lügt oft, aber das Gehirn kann nicht lügen.«
Dann erklärte er Narbengesicht alles, was man zum Bau einer Medizinhütte und eines Schwitzhauses wissen muß, und als er damit fertig war, rieb er eine starke Medizin auf das Gesicht des jungen Mannes und sprach: »Dies ist das Zeichen für das Mäd-

chen. Dieses Zeichen sollen Mann und Weib immer tragen, wenn sie eine Medizinhütte und ein Schwitzhaus bauen.«
Der junge Mann konnte nun heimkehren. Morgenstern und der Sonnengeist gaben ihm viele schöne Geschenke. Das rote Licht der Nacht weinte, küßte ihn und nannte ihn »meinen Sohn«. Dann zeigte der Sonnengeist ihm einen kürzeren Heimweg. Es war die Milchstraße. Der junge Mann folgte diesem Weg und kam bald auf der Erde an.
Es war ein sehr heißer Tag. Alle Hüttendecken waren hochgeschlagen, und die Leute saßen im Schatten. Es war da der Häuptling, ein sehr großzügiger Mann, und den ganzen Tag über kamen Leute in seine Hütte, um mit ihm zu essen und zu rauchen. Früh am Morgen sah der Häuptling nahebei in einer Senke jemanden sitzen, der seinen Umhang über den Kopf gezogen hatte. Die Freunde des Häuptlings kamen und gingen. Es wurde Mittag, die Sonne senkte sich gegen die Gebirge hin. Dieser Mensch dort in der Senke saß immer noch da und rührte sich nicht. Als es fast Nacht war, sagte der Häuptling: »Warum sitzt dieser Mensch dort so lange? Die Hitze war groß, aber er hat weder gegessen noch getrunken. Vielleicht ist er fremd hier. Geht und bittet ihn herein.«
Also gingen einige junge Männer hin und sagten:
»Warum sitzt du hier den ganzen Tag in der großen Hitze? Komm in den Schatten. Der Häuptling lädt dich zum Essen ein.«
Da erhob sich der Fremde, warf seinen Umhang ab, und alle waren sie erstaunt. Er trug schöne Kleider. Seine Pfeile, sein Bogen, sein Schild und all seine anderen Waffen waren seltsam schön und anders als die ihren. Aber sie kannten dieses Gesicht, obwohl die Narbe fort war. Sie liefen voraus und riefen: »Der arme junge Mann mit der Narbe ist heimgekommen. Er ist nicht mehr arm. Die Narbe in seinem Gesicht ist fort.«
Alle Leute kamen herbei. »Wo bist du gewesen?« fragten sie. »Wo hast du all diese schönen Dinge her?«
Er antwortete nicht. Dort in der Menge stand die junge Frau. Der junge Mann nahm zwei Rabenfedern aus seinem Haar, gab sie ihr und sagte:
»Der Weg war lang. Fast bin ich gestorben, aber jemand half mir. So fand ich die Wohnung des Sonnengeistes. Er ist froh. Er schickt dir diese Federn. Sie sind das Zeichen.«
Groß war dann die Freude. Sie heirateten und bauten die erste Medizinhütte, so wie es der Sonnengeist ihnen aufgetragen hatte. Die Sonne freute sich. Mann und Frau hatten ein langes Leben. Als sie sehr alt waren, riefen eines Morgens ihre Kinder: »Wacht auf. Steht auf und kommt essen.« Sie regten sich nicht mehr. In der Nacht, im Schlaf, ohne Schmerz hatten sich ihre Schatten davongestohlen.

Der Mann mit den Hörnern

Ehe die Alabamas nach Texas kamen, kämpften sie oft mit anderen Stämmen. Über lange Zeit hin verloren sie jede Schlacht. Oft mußten sie sich tief in die Wälder hinein zurückziehen und sich dort verstecken. Eines Tages lagerten sie in einem dichten Gebüsch nahe einem schönen Fluß. Nahrung gab es in Hülle und Fülle, und der Ort schien sicher, so daß die Alabamas mehrere Tage blieben. Am dritten Tag ging eine Frau hinunter zum Ufer, um ein Gefäß mit Wasser zu füllen. Da entdeckte sie in einer Tonschüssel auf dem Wasser treibend ein kleines Kind. Die Frau dachte daran, das Kind zu retten, aber sie hatte doch auch Angst in den Fluß zu waten, denn sie überlegte sich, daß dies eine Falle sein könnte, die der Feind ausgestellt hat. Also lief sie eilig ins Lager zurück und erzählte dort, was sie gesehen hatte.

Der Häuptling schickte Männer aus, und sie brachten das Kind ins Lager. Der Häuptling meinte, es sei ein schönes Kind, und gewiß werde es deshalb dem Stamm Glück bringen. So behielten es die Alabamas bei sich und gaben ihm Nahrung.

Am nächsten Morgen war das Kind so groß wie ein achtjähriger Junge. Die Leute wunderten sich, wie rasch der Junge gewachsen war.

Nach zwei Tagen war der Knabe so groß wie ein Sechzehnjähriger, und am dritten Tag war er ganz ausgewachsen, und an seiner Stirn ragten zwei große Hörner hervor.

Da der Fremde keine Kleider besaß, befahl der Häuptling ihn zu kleiden, und die Angehörigen des Stammes nannten ihn von nun an den »Gehörnten Mann«.

Der mit den Hörnern erklärte den Leuten, daß er gekommen sei, um ihnen zu helfen, aber dies könne nur gelingen, wenn sie sich auch selbst helfen würden. Er forderte sie auf, ihm den Kopf des grimmigsten Wolfes zu bringen, den sie in den Wäldern finden könnten.

Nach drei Tagen kehrten die Krieger mit dem Kopf eines großen Wolfes ins Lager zurück. Der Gehörnte Mann steckte den Wolfsschädel auf die Stange, die das Zeltdach des Häuptlings trug, und sogleich begann sich der Wolfskopf im Kreise zu drehen. Er schaute einmal in diese, einmal in jene Richtung und blieb endlich nach Osten gewandt stehen. Der Gehörnte Mann erklärte dem Häuptling, der Wolfsschädel zeige an, daß der Feind aus Osten angreifen werde. Also führte der Häuptling seine Leute in ein Versteck, das im Süden lag. Am nächsten Tag deutete der Wolfsschädel nach Westen, und der Gehörnte Mann riet den Alabamas, sich nun in den dichten Wäldern des Nordens zu verstecken.

»Der Wolfskopf zeigt euch immer die Richtung, aus der der

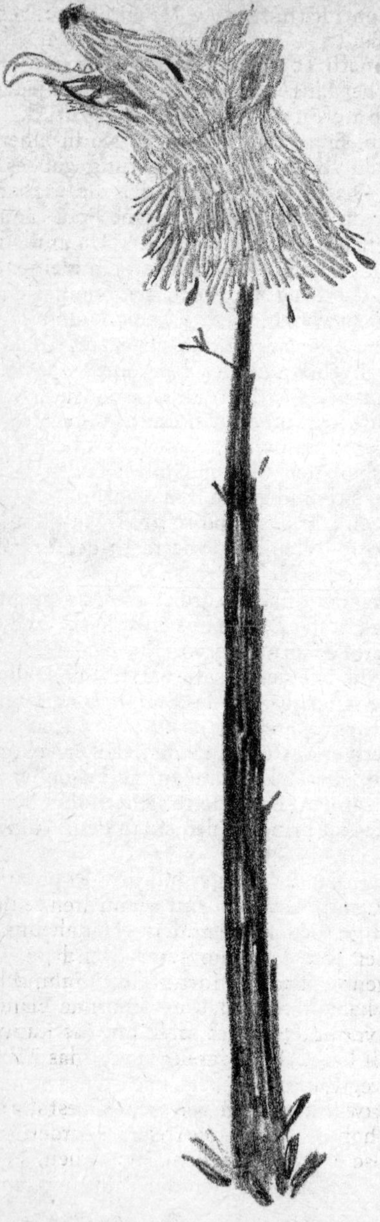

Feind kommt«, sagte der Gehörnte Mann, »wenn er aber zu Boden fällt, so bedeutet dies, daß euer Lager von allen Seiten umstellt ist.«
Die Alabamas achteten nun stets darauf, in welche Richtung der Wolfsschädel blickte, und so entgingen sie lange Zeit ihren Feinden. Aber eines Tages bewegte sich der Wolfsschädel unsicher, so als ob er sich nicht entscheiden könne, ob er nach Osten oder Westen, nach Süden oder Norden weisen solle, und schließlich stürzte er von der Spitze der Zeltstange herab auf die Erde. Auf dieses Zeichen ergriffen die Alabamas ihre Äxte und stellten sich zum Kampf auf. Die Krieger des Feindes stürmten ins Lager, und das Gefecht begann. Alle Feinde wurden getötet, die Alabamas aber verloren nicht einen Mann.
»Führt den Gehörnten Mann zu mir«, sagte der Häuptling, »damit ich ihm für den Sieg danke.«
Die Krieger der Alabamas suchten überall in den Wäldern, aber sie konnten den Gehörnten nicht finden. Er war verschwunden, und niemand hat ihn seither wieder gesehen.

Das Kaninchen überlistet den Farmer

An einem warmen Sommertag hackte ein Farmer sein Feld. Die Erbsensaat war gerade aufgegangen, und die Pflanzen waren nun groß genug, um behäufelt zu werden. Als der Farmer mit einer Furche zu Ende war, stellte er sich in den Schatten und wollte sich ausruhen. Da kam ein Kaninchen vorbei und fragte ihn, was er da auf dem Felde treibe.
Der Farmer antwortete:
»Ich habe das Erbsenfeld gehackt, damit ich etwas zu essen habe, wenn kaltes Wetter kommt.«
»Wärest du wie ich«, antwortete das Kaninchen, »so müßtest du dich nicht den ganzen Tag plagen, und es würde dir viel besser gehen.«
Darauf sprang es vergnügt davon.
Einige Zeit später, als die Erbsen fast reif waren, kam das Kaninchen zum Feld zurück. Der Farmer war daheim in seinem Haus, und das Tier beschloß, ihm einen Streich zu spielen. Es schnitt alle Pflanzen ab und lief fort in den Wald. Als der Farmer auf das Feld kam, sah er, daß er um seine Ernte gebracht worden war, und vermutete gleich, daß ihm das Kaninchen diesen Streich gespielt hatte. Tags darauf traf er das Tier im Wald und stellte es deswegen zur Rede.
Das Kaninchen antwortete: »Mir war, als hättest du gesagt, ich solle die Erbsen haben, sobald sie reif geworden sind.« Der Farmer wurde böse und drohte dem Kaninchen, er werde es töten.

Das Kaninchen sprach: »Gut, töte mich, aber es muß dir gelingen, mir den Kopf abzuhacken.«
Der Farmer war einverstanden, und das Kaninchen riet ihm, eine Axt zu holen. Der Farmer dachte bei sich: »Jetzt werde ich mich an dem Kaninchen rächen. Ich werde so fest zuschlagen, daß der Kopf ab ist, und morgen gibt es Kaninchenbraten.«
Als er mit der Axt zur Stelle war, legte das Kaninchen seinen Kopf auf einen Stein. Der Farmer holte mächtig aus, ließ die Axt niedersausen . . . aber im letzten Augenblick zog das Kaninchen seinen Kopf fort, die Axt traf nur den Stein, und die Schneide wurde stumpf davon. Voller Zorn wollte der Farmer nun seine Hunde auf das arme Kaninchen hetzen. Doch das Tier drohte, den Wald anzuzünden, falls der Farmer es auf dem festen Land töte. »Ich sehe ein«, sagte es, »du mußt deine Rache haben. Wie wäre es, wenn du mich ertränken würdest!«
»Schon recht«, sprach der Farmer, faßte das Kaninchen bei den Ohren, steckte es in einen Korb, legte einen schweren Stein dazu und machte sich auf zur Küste. Lange Zeit mußte der Farmer wandern. Endlich fragte ihn das Kaninchen, wie weit es denn noch sei, bis sie endlich die Küste erreicht hätten. »Ich kann die Küste schon sehen«, antwortete der Farmer.
»Dann solltest du dich jetzt erst einmal ausruhen und einen Schluck Wasser trinken. Du wirst doch gewiß durstig geworden sein auf dem langen Weg.«
»O ja«, sagte der Farmer, »jetzt, wo du mich daran erinnerst, merke ich erst, wie durstig ich unterwegs geworden bin.«
Mit diesen Worten stellte er den Korb ab und lief zu einer nahe gelegenen Quelle, um sich zu erfrischen. Während der Farmer fort war, kam ein anderer Mann des Weges, der trieb Vieh vor sich her, und als er das Kaninchen entdeckte, fragte er es, warum es denn da in diesem Korb hocke.
»Ja«, sagte das Kaninchen, »das hat schon seine Richtigkeit. Ich werde heimgetragen in das Zelt des Häuptlings, wo man mir dessen Tochter zur Frau gibt. Vorher aber darf mich niemand sehen, und deswegen sitze ich in diesem Korb.«
Der Fremde war der Tochter des Häuptlings schon einmal begegnet und bewunderte sie sehr. So fragte er das Kaninchen, ob er nicht mit ihm den Platz tauschen dürfe.
»Gut«, sagte das Kaninchen, »aber du mußt wiederkommen. Einen Blick auf die Häuptlingstochter will ich dir schon gönnen. Kommst du nicht wieder, so gehören deine Rinder mir.«
Der Fremde stieg also in den Korb, wurde zugedeckt, und kaum war das geschehen, so trieb das Kaninchen das Vieh des Fremden hinter einen großen Busch.
Der Farmer kam von der Quelle zurück, nahm den Korb auf, trug ihn zum Ufer und warf ihn dort an einer Stelle, wo das Wasser recht tief war, ins Meer.

Zufrieden, daß es ihm nun endlich gelungen war, sich an dem Kaninchen zu rächen, trat er den Heimweg an. Er war noch nicht lange gegangen, da kam ihm das Kaninchen entgegen, das die Rinder vor sich hertrieb.
»Was hat denn das zu bedeuten?« fragte der Farmer verwundert und traute seinen Augen kaum. »Habe ich dich nicht eben ins Meer geworfen?«
»Allerdings«, sagte das Kaninchen, »aber wenn einer ertränkt werden soll, und er kommt davon, so beweist das doch wohl, daß er Glück hat. Was Wunder, daß ich danach auch noch zu diesen Rindern gekommen bin.«
Der Farmer schüttelte den Kopf und dachte nach.
»Was meinst du«, fragte er dann, »wenn ich ins Meer geworfen würde, hätte ich dann wohl auch so ein Glück wie du?«
»Bestimmt«, antwortete das Kaninchen.
Der Farmer träumte von reichen Ernten und großen Herden. Also kroch er in den Korb, auch ein Stein wurde noch dazugelegt, und dann trug ihn das Kaninchen zum Meer. Von einer hohen Klippe warf es den Farmer ins Wasser und ging darauf vergnügt von dannen. »Ja«, sagte es zu sich selbst, »wenn das Glück erst einmal anfängt, nimmt es kein Ende mehr!«

Der Junge, der die Sonne fing

Es waren einmal drei Brüder. Eines Tages gingen die beiden älteren auf die Jagd in den Wald, der jüngste aber mußte zu Haus bleiben. Er streifte in der Nähe der Hütte umher in der Hoffnung, dort ein Wild zu erlegen, aber nicht einmal ein Kaninchen ließ sich blicken. Zornig und traurig warf er sich auf die Erde und weinte, um sich aber vor der Sonne zu schützen, die am Himmel stand, bedeckte er seinen ganzen Körper mit einem Mantel aus Biberfell.
Als nun die Sonne gerade über ihm stand, erkannte sie den Jungen und schickte einen Strahl zur Erde, der brannte Löcher in das Biberfell und ließ den Umhang zusammenschrumpfen, bis er den Jungen nicht mehr bedeckte. Da lächelte die Sonne böse, und der Junge weinte noch heftiger als zuvor. Erst hatten ihn seine beiden Brüder schlecht behandelt, jetzt peinigte ihn auch noch die Sonne.
Er richtete sich auf und sagte zur Sonne: »Du hast mir böse mitgespielt. Du hast mir meinen Umhang verbrannt. Womit habe ich das verdient? Warum bestrafst du mich?« Die Sonne lächelte nur und antwortete nicht.
Der Junge nahm seinen Bogen und seine Pfeile und den verbrannten Umhang, lief zum Wigwam zurück, legte sich dort in eine dunkle Ecke und weinte wieder. Seine Schwester kam herein

und fragte: »Mein Bruder, was ist geschehen? Warum weinst du?«
»Sieh mich an«, sagte der Junge, »ich bin traurig, weil die Sonne mir meinen Umhang aus Biberfell verbrannt hat. Heute ist es mir schlecht gegangen.« Dann wandte er sein Gesicht ab und versuchte zu schlafen, aber selbst noch im Schlaf hörte man ihn schluchzen.
Als er erwachte, sprach er zu seiner Schwester:
»Gib mir einen Faden. Ich habe einen Einfall gehabt.«
Sie gab ihm einen Faden aus Tierdarm, aber er sagte:
»Nein, das ist es nicht, was ich brauche. Gib mir einen Faden aus Haar.«
»Nimm diesen«, sagte sie, »er ist stark.«
»Nein«, sagte der Junge, »es ist Zwirn. Ich brauche einen Faden aus Haar.«
Endlich begriff sie, was er vorhatte, riß sich ein einzelnes Haar aus, gab es ihm, und er war zufrieden. Es faßte das Haar an beiden Enden, begann er glattzustreichen und dehnte es, bis es von den Fingerspitzen der einen Hand zu den Fingerspitzen der anderen Hand reichte.
Dann lief er zu der Stelle, wo der Weg der Sonne die Erde berührt und seinen Umhang verbrannt hatte, machte eine feine, unsichtbare Schlinge und legte sie über den Pfad der Sonne. Und wie nun die Sonne diesen Weg daherkam, fiel die Schlinge um ihren Hals und zog sich zu, daß die Sonne beinahe erstickte. Es wurde dunkel, und die Sonne rief die Nachtvögel herbei.
»Helft mir, Brüder«, sagte sie, »nagt diese Schlinge durch, ehe sie mich erdrosselt.«
Die Nachtvögel kamen, aber die Schlinge hatte sich schon so tief in den Hals der Sonne geschnitten, daß sie die Vögel nicht durchbeißen konnten.
Unterdessen hatte der Junge seine beiden älteren Brüder herbeigerufen.
»Ich habe die Sonne gefangen«, erzählte er ihnen stolz.
»Niemand kann die Sonne fangen«, antworteten sie ihm.
»Ich habe die Sonne gefangen«, behauptete er wieder. Da liefen sie mit ihm zu der Schlinge und sahen, daß er die Wahrheit sprach.
»Gib mich frei«, bat die Sonne den Jungen.
»Ich denke nicht daran«, sagte er, »selbst wenn ich dich freigeben wollte, wenn ich die Schlinge von deinem Hals nehmen würde, müßte ich mir dabei die Finger verbrennen.«
»Du hast deine Rache gehabt«, sagte die Sonne zu dem Jungen, »aber jetzt laß mich frei. Du darfst meinen Namen führen. Das wird dir Kraft verleihen bei der Jagd und auf dem Kriegspfad.«
»Meine beiden Brüder sollen meinen neuen Namen aussprechen,

dann werde ich mir überlegen, ob ich dich freilasse«, antwortete der Junge.
»Sprecht schnell den Namen nach, den ich euch sage, denn sterbe ich, so wird große Kälte und viel Unheil über die Menschen kommen. Nennt Euren Bruder den ›Jungen-der-die-Sonne-fing‹.«
»›Junge-der-die-Sonne-fing‹, laß die Sonne wieder frei«, sagten die Brüder.
»Noch auf ein Wort«, sagte der Junge, »darf ich von nun an auch mit euch auf die Jagd und auf den Kriegspfad?«
»Wer sich einen Namen gemacht hat, darf auch mit uns auf die Jagd und auf den Kriegspfad«, antworteten die Brüder, »aber gespannt sind wir, wie du die Sonne nun freilassen willst, ohne dir dabei die Finger zu verbrennen.«
Da zog der »Junge-der-die-Sonne-fing« aus seinem Gürtel ein kleines Pfeifchen hervor und blies darauf, und sogleich kamen viele Mäuse aus ihren Löchern hervor, die nagten und bissen an der Schlinge, bis das Haar zerriß und die Sonne wieder weiterlaufen konnte auf ihrer Bahn. Das erste Stück Wild, das der »Junge-der-die-Sonne-fing« erlegte, brachte er seiner Schwester. Und später wurde er unter seinem neuen Namen ein berühmter Häuptling, der große Taten vollbrachte, denn die Sonne, froh, daß sie wieder freigekommen war, blendete von nun an alle Tiere, die er töten wollte, und alle Feinde, gegen die er kämpfte.

Manabozos Abenteuer

Einst ging Manabozo hungrig und müde am Ufer eines Sees spazieren, da sah er auf einer langen, schmalen Sandbank, die weit ins Wasser hineinragte, viele Wasservögel hocken. Da rieb sich Manabozo den Bauch und sprach bei sich: Jetzt werde ich mir ein Festessen bereiten. Er sammelte Rindenstücke, schnürte sie zu einem Bündel zusammen, und das band er sich auf den Rücken, um sich so zu tarnen. Darauf versuchte er, sich ungesehen den Vögeln auf der Sandbank zu nähern. Aber einige der Schwäne und Enten erkannten ihn und flogen erschreckt davon. Einer von den anderen aber rief Manabozo zu: »He! Manabozo, wo willst du denn hin?« »Ich gehe ein Lied singen«, antwortete Manabozo, »wie ihr seht, habe ich all meine Lieder bei mir. Kommt doch mit, meine Brüder, dann wollen wir zusammen singen und tanzen.« Die Vögel stimmten zu und kehrten zum Ufer zurück und stellten sich dort so auf, daß zwischen ihnen und dem See ein freier Platz zum Tanzen blieb. Manabozo nahm das Bündel vom Rücken und legte er auf den Boden, er zog seine Trommelstöcke hervor und sagte zu den Vögeln: »Ich trommle, und ihr tanzt um mich herum. Singt, so laut ihr könnt, und schließt eure Augen. Wenn einer von euch die Augen beim Singen und Tanzen öffnet, werden sie für immer rot und entzündet sein.«

Also begann Manabozo auf seinem Bündel zu trommeln, während die Vögel mit geschlossenen Augen um ihn herumtanzten. Während er mit der einen Hand weitertrommelte, faßte Manabozo mit der anderen plötzlich nach dem Hals eines Schwanes und drehte ihn um. In seiner Todesangst stieß der Vogel einen lauten Schrei aus. Manabozo sagte nur: »So ist es recht, Bruder, sing so laut du kannst!«

Und wieder fiel ein Schwan, dann eine Gans, und so ging es weiter, bis die Zahl der tanzenden Vögel beträchtlich abgenommen hatte. Da öffnete der Höllentaucher die Augen, und jetzt wurde ihm klar, warum nicht mehr so viele Stimmen mitsangen wie zu Beginn des Tanzes. Er sah seine toten Brüder und rief: »Manabozo tötet uns alle, Manabozo tötet uns alle!« Und mit diesem Schrei rannte er zum Wasser davon und die anderen Vögel ihm nach.

Der Höllentaucher war ein schlechter Läufer. Bald hatte Manabozo ihn eingeholt. Er sagte zu ihm: »Ich werde dich nicht töten, aber für immer sollst du gerötete Augen haben, und immer werden die anderen Vögel über dich lachen.«

Darauf gab er dem Vogel einen Fußtritt, schleuderte ihn weit in den See hinaus, und dabei brach der Schwanz des Tieres. Seit dieser Zeit ist der Höllentaucher rotäugig und schwanzlos.

Manabozo sammelte seine Beute ein. Er nahm die getöteten Vögel und vergrub sie im Sand. Bei dem einen schaute der Hals heraus, bei dem anderen die Füße. Dann richtete er ein Feuer her, an dem er sie braten wollte. Das brauchte Zeit und Mühe, und Manabozo wurde dabei müde. Also streckte er sich auf dem Boden aus, um erst einmal zu schlafen. Zuvor aber schlug er sich auf seine Schenkel, damit sie aufwachten, und sagte zu ihnen: »Bewacht die Vögel und weckt mich auf, falls jemand kommt.« Darauf rollte er sich so, daß er dem Feuer den Rücken zuwandte, und schlief ein.

Nach einer Weile kamen einige Indianer in ihren Kanus auf dem See vorbei, und als sie die Vorbereitungen zum Festschmaus bemerkten, gingen sie an der Sandbank an Land und gruben die Vögel aus. Die Hälse und Füße aber steckten sie genauso wieder in den Sand wie zuvor, so daß man nicht merken konnte, daß die Körper der Tiere fehlten. Als die Indianer sich satt gegessen hatten, packten sie alles, was sie nicht hatten verspeisen können, zusammen und machten sich darauf wieder davon.

Kurz darauf erwachte Manabozo. Er war jetzt sehr hungrig und wollte die Früchte seiner Kriegslist genießen. Voller Erwartung griff er nach dem Hals eines Schwans, um seine Zähne in ein gutes Stück Fleisch zu schlagen, aber was sah er da . . ., er hielt nur den Kopf mit dem Hals in der Hand. Er griff nach einem Vo-

gelbein, auch hier fehlte der Körper. Wut überkam ihn. Immer nur hielt er Hälse und Beine in der Hand. Wer hatte ihn bestohlen? Er streckte seine Schenkel aus und fragte:
»Wer ist hier gewesen, während ich schlief? Habe ich euch nicht aufgetragen, mein Festmahl zu bewachen?«
Die Schenkel antworteten:
»Du mußt das verstehen. Wir waren auch schrecklich müde. Da sind wir eingeschlafen, aber zwischen Schlaf und Wachen haben wir ein paar Männer bemerkt, die sich in ihren Kanus davongemacht haben. Vielleicht waren das die Diebe. Sie waren sehr schmutzig und ärmlich gekleidet.«
Manabozo lief eilig bis zur Spitze der Sandbank, und von dort aus sah er gerade noch, wie das letzte der Kanus in der Ferne verschwand.
Da rief er hinterdrein: »Winnibe'go! Winnibe'go!«
Und so nennen die Menomini noch heute ihre diebischen Nachbarn.

Ein andermal hatte Manabozo viele Tiere zu einem Festmahl eingeladen. Er hatte einen sehr fetten Bären getötet. Mit dem Bogenbohrer machte er sich ein Feuer und begann seine Beute zu kochen. Als er gerade dabei war, den Braten zu zerlegen, hörte er das kratzende Geräusch zweier Bäume, die der Wind gegeneinanderrieb. Es war ein sehr unangenehmes Geräusch, und als er daran dachte, daß er es während des ganzen Festmahls werde hören müssen, schien es ihm unerträglich, und er beschloß, diesem Schaben und Knarren vorher ein Ende zu machen. Er kletterte auf einen der beiden Bäume, die sich aneinander rieben, doch als er den Wipfel erreichte, klemmte er sich den Fuß ein und konnte sich nicht mehr befreien.
Als erster von den geladenen Gästen kam der Biber, und als er sah, daß Manabozo oben im Baum festsaß, lachte er vergnügt und rief den anderen Tieren zu:
»Schnell, kommt ... Manabozo sitzt dort oben auf dem Baum gefangen. Jetzt können wir hier alles allein aufessen!« Das ließen sich die Tiere nicht zweimal sagen. Alle kamen sie herbei und fraßen von dem fetten Bären. Der Biber biß sich bis zum Schmer durch und fraß dort, und der Otter auch, und das ist auch der Grund dafür, warum die beiden so dicke Bäuche haben.
Der Biber schöpfte auch das Fett ab und strich sich damit ein. Alle dünnen Tiere kamen, und so groß und fleischig war der Bärenbraten, daß sie sich alle satt und fett wieder von dannen schlichen. Zuletzt kam das Kaninchen. Da war nur noch wenig Fett übriggeblieben. Das wenige, was es noch fand, strich sich das Kaninchen auf das Genick und auf die Leisten, und seither sind dies die einzigen Stellen, an denen man beim Kaninchen etwas fettes Fleisch findet.

Endlich gelang es Manabozo, sich wieder zu befreien. Er kletterte vom Baum herab, und unten sah er, daß alles aufgefressen worden war, bis auf den Bärenschädel. Auch den hatten die anderen Tiere schon abgenagt, aber ein kleines Stück Hirn war noch übriggeblieben. Da wünschte sich Manabozo, eine Ameise zu werden, um sich daran satt essen zu können.
Sein Wunsch wurde erfüllt. Er wurde eine Ameise. Als Ameise kroch er in den Bärenschädel, doch als er nun satt war und wieder in einen Menschen zurückverwandelt wurde, steckte sein Kopf noch immer in dem riesigen Bärenschädel. Er konnte so zwar umhergehen, aber sehen konnte er nichts. Er wußte nicht, wo er war, aber dann fühlte er Bäume. Den ersten Baum vor sich fragte er: »Wer bist du?« Der antwortete: »Ich bin eine Zeder.« So ging er weiter voran, immer fragend und mühsam, an der Art der Bäume, auf die er traf, erriet er auch jeweils, ob er sich im Gebirge, an einem Fluß oder nahe einem Sumpf befand. Er kam an einen See, aber er wußte nicht, wie breit der See war. Er begann zu schwimmen, und unterwegs kam ein Ojibwa-Indianer mit seiner Familie in einem Kanu vorbeigerudert. Da hörte Manabozo, wie jemand rief: »Seht nur, da schwimmt ein Bär über den See.«
Zuerst war Manabozo sehr erschrocken. Aber als der Ojibwa rief: »Nun hat er schon fast das Ufer erreicht«, überlegte er, daß er sich nach den Rufen des Indianers orientieren könne.
Endlich stieß der Schwimmer gegen einen moosigen Felsen, da zerbrach der Bärenschädel. Manabozo kroch erschöpft an Land. Er war erlöst. Nein, nie mehr würde er sich in eine Ameise verwandeln lassen. Die Gefahr, daß man danach für den Rest seines Lebens mit einem Bärenschädel über dem Kopf herumlaufen muß, war zu groß. Und nicht überall gibt es moosige Felsen.

Einst segelte der Bussard durch die Lüfte, da sah er unten auf der Erde Manabozo des Weges kommen. Mit ausgebreiteten Flügeln ließ er sich hinunterfallen und hörte, wie Manabozo zu sich selbst sprach:
»Dieser Bussard muß sehr glücklich sein, wenn er so durch die Lüfte segelt. Er sieht alles, was auf der Erde vor sich geht. Ich wünschte, er würde mich auf seinen Rücken nehmen, und ich könnte mir die Welt einmal vom Himmel herab betrachten.«
Der Bussard ließ sich vor ihm nieder und sagte:
»Manabozo, wie ich höre, möchtest du gern einmal fliegen. Steig nur auf meinen Rücken, dann will ich dich hinauftragen in den Himmel.«
Das Angebot schien Manabozo verlockend, als er aber sah, wie schmal der Rücken des Bussards war, sagte er:
»Ich habe Angst, daß du mich fallen läßt. Gib nur acht und

fliege nicht zu schnell, damit ich mich auf deinem Rücken halten kann.«

Der Bussard, obschon er vorhatte, Manabozo einen Streich zu spielen, versprach vorsichtig zu sein. Also stieg Manabozo auf den Bussard und hielt sich, so gut er konnte, an dessen Federn fest. Der Vogel erhob sich vom Erdboden, breitete seine Flügel aus und schwang sich in die Luft. Manabozo fühlte sich ziemlich unbehaglich, als der Bussard mit ihm auf dem Rücken dahinsegelte, und als gar der Vogel begann, seine Kreise zu ziehen, konnte er sich kaum noch halten. Gerade wollte sich Manabozo etwas umschauen, da ging der Bussard scharf in die Kurve, Manabozo verlor den Halt, er rutschte und rutschte und sauste dann wie ein riesiger Pfeil auf die Erde zu. Unten schlug er so hart auf dem Boden auf, daß er die Besinnung verlor. Der Bussard aber zog am Himmel seine Kreise und behielt dabei den Platz im Auge, an dem Manabozo aufgeschlagen war.

Lange lag Manabozo wie tot da. Als er wieder zu sich kam, erblickte er etwas nahe über sich. Erst konnte er nicht erkennen, was es war, aber als er dann seine Hand ausstreckte, merkte er, daß es sein eigenes Hinterteil war, so sehr war sein Körper durch die Wucht des Aufschlages auf die Erde verbogen und verkrümmt worden. Ächzend erhob er sich auf die Beine und wollte weitergehen. Über sich sah er den Bussard, der ihn auslachte und sich über seinen Streich freute.

»Warte nur«, rief Manabozo ihm zu, »du hast mir übel mitgespielt. Aber sobald ich mich besser fühle, werde ich mich an dir rächen.«

»Das wird dir nicht gelingen«, krächzte der Bussard, »ich werde immer über dir sein und dich nicht aus den Augen lassen.«

Manabozo ging weiter, und der Bussard, der sich sicher wähnte, zog am Himmel seine Kreise.

Da beschloß Manabozo, sich in ein totes Reh zu verwandeln, denn er wußte, daß Bussarde von toten Tieren und Fischen leben.

Er ging zu einem Ort, den man von weitem aus allen Richtungen sehen konnte, legte sich dort nieder und verwandelte sich in einen Rehkadaver. Bald versammelten sich die Vögel und andere Tiere in der Nähe dieses Ortes, und auch der Bussard kam herbei. Der Raubvogel war vorsichtig. Er dachte an Manabozos Racheschwur, aber er hatte auch Hunger. Er äugte vorsichtig hinab und sprach zu sich:

»Nein, das ist er nicht, es ist wirklich ein totes Reh.« Da stieß er hinunter und grub gierig seinen spitzen Schnabel in einen fleischigen Schenkel. Tiefer und tiefer hackte er, bis er seinen Kopf und seinen Hals weit in den Kadaver hineinzwängen mußte, um noch etwas Fett zu erreichen. Und da . . . als sein Kopf und sein Hals tief im Schenkel des toten Rehs steckten, sprang es

plötzlich auf, wurde wieder lebendig, und die Muskeln legten sich wie Schlingen um den Hals des Bussards.
»Siehst du«, sagte Manabozo, »habe ich dir nicht gesagt, daß ich mich böse an dir rächen werde. Nun zieh deinen Kopf heraus, wenn du kannst.«
Mit viel Mühe befreite sich der Bussard, aber er ließ dabei manche Feder. Als er endlich frei war, brannten ihm Hals und Kopf, denn da war nur noch federlose rote Haut. »Nun bist du bestraft für deine Falschheit«, sagte Manabozo, »ohne Federn wirst du fortan leben müssen, und immer sollst du nach Aas stinken.«
Und so kommt es, daß der Bussard so ein übelriechender Bursche mit einem kahlen Kopf und einem kahlen Hals geworden ist.

Die Geschichten um Saynday

I. Wer Saynday war und was er tat

Heute trifft man Saynday nicht mehr. Er lebte vor langer Zeit, und all diese Geschichten ereigneten sich vor langer Zeit. Als er noch hier auf der Erde lebte, war er ein Mann mit einem komischen Gesicht. Er war groß und dünn. Er hatte einen kleinen dünnen Schnurrbart, dessen Enden über die Mundwinkel herabhingen. Die Muskeln an seinen Armen und Beinen traten mächtig hervor. Es sah aus, als seien sie mit Schnüren abgebunden. Er hatte eine komische hohe, wiehernde Stimme, und er sprach seine eigene Sprache. Seine Sprache war der anderer Menschen ähnlich, aber er hatte eine ganz eigene Art, sich auszudrücken.
Er legte auch die Regeln dafür fest, wann und wie diese Geschichten erzählt werden sollten. Dies aber sind die Regeln, die Saynday aufstellte, und wenn man sie nicht beachtet, so kommt er und schneidet einem die Nase ab:
Erzählt meine Geschichten im Winter, wenn alle Arbeit im Freien getan ist.
Erzählt meine Geschichten am Abend, wenn des Tages Arbeit getan ist.
Erzählt meine Geschichten immer auf dieselbe Art und laßt sie immer beginnen: Saynday kam daher . . .

II. Wie Saynday zu einer Sonne kam

Saynday kam daher, und alle Welt war schwarz. Es gab keine Sonne auf dieser Seite der Erde, und die Menschen lebten in der Finsternis. Die Sonne gehörte den Menschen auf der anderen Seite der Welt, und die paßten scharf auf, daß sie ihnen niemand fortnahm.

Als Saynday so daherkam, traf er einige Tiere. Es waren der Fuchs, das Reh und die Elster. Sie saßen vor dem Erdloch eines Präriehundes beieinander und besprachen sich.
»Was gibt's?« fragte Saynday.
»Die Welt gefällt uns nicht«, sagte der Fuchs.
»Was ist los mit dieser Welt?« fragte Saynday.
»Sie ist uns zu dunkel«, sagte das Reh.
»Was habt ihr gegen die Dunkelheit?« fragte Saynday.
»Wo es dunkel ist, da ist kein Leben und kein Glück«, sagte die Elster.
»Dann sollten wir etwas dagegen tun«, sprach Saynday.
So saßen die vier vor dem Loch des Präriehundes und dachten nach. Sehr lange dachten sie nach. Sie waren mucksmäuschenstill, und plötzlich steckte der Präriehund seinen Kopf aus dem Bau, und als er sie da zusammen sitzen sah, dachte er auch mit ihnen nach.
»Es gibt eine Sonne«, meinte Saynday schließlich.
»Wo ist sie?« fragte der Fuchs.
»Auf der anderen Seite der Welt«, sagte Saynday.
»Was tut sie dort?« fragte das Reh.
»Die Leute, die sie haben, lassen sie nicht gehen«, erklärte Saynday.
»Was nützt uns dann die Sonne?« sprach die Elster.
»Gar nichts«, sagte Saynday, »ich denke, wir sollten etwas dagegen unternehmen.«
Da saßen sie also und dachten nach, und keiner von ihnen rührte sich von der Stelle.
Dann sprach Saynday: »Können wir uns nicht die Sonne ausleihen?«
»Wir würden sie ja nicht stehlen«, sagte der Fuchs.
»Wir würden sie nicht für immer behalten«, sagte Saynday.
»Wir würden sie ihnen manchmal wiedergeben«, sagte das Reh.
»Dann könnten die Pflanzen auf ihrer Seite der Welt wachsen«, meinte die Elster.
»Aber hier würde auch alles wachsen und gedeihen«, sagte Saynday.
Dann wurde Saynday lebendig, denn nun hatte er genug nachgedacht. Jetzt würde er handeln.
»Wie weit kannst du laufen?« fragte er den Fuchs.
»Sehr weit.«
»Wie weit kannst du laufen?« fragte er das Reh.
»Einen kurzen langen Weg.«
»Und wie weit läufst du?« fragte Saynday die Elster.
»Einen langen kurzen Weg.«
»Ich kann selbst nicht sehr weit laufen«, sagte Saynday, »also mir dürft ihr nicht allzuviel zumuten.«

Dann stellte er sie auf und sagte ihnen, was sie tun sollten. Der Fuchs sollte in ein Dorf auf der anderen Seite der Erde gehen und sich mit den Menschen dort anfreunden. Das war die erste und schwerste Aufgabe. Der Fuchs machte sich sogleich auf den Weg.

Lange lief er dahin und ertastete seinen Weg in der Dunkelheit. Dann sah er vor sich einen ganz kleinen Fleck Sonne, etwa so, wie man heute die Sonne im Winter sieht. Er lief auf dieses Licht zu, und es wurde heller und heller, bis es schließlich den ganzen Himmel erfüllte. Da stand er auf einem Hügel und sah unter sich das Dorf der Menschen, denen die Sonne gehörte. Er setzte sich hin, beobachtete und überlegte, was nun zu tun sei. Die Menschen dort unten spielten ein Spiel mit der Sonne. Sie hatten sich in zwei Reihen aufgestellt, und jede Reihe hatte vier Speere. Sie rollten die Sonne über den Boden, und dann zielten sie mit ihren Speeren nach ihr. Die Partei, die am häufigsten traf, hatte gewonnen. Eine Partei hatte schon sehr viele Treffer, und die andere lag hoffnungslos zurück.

Der Fuchs sprang den Hügel hinunter, lief zum Dorf und legte sich auf den Boden, die Nase auf seinen Pfoten, und sah zu. Wieder rollten sie die Sonne, und die Partei, die schon vorn lag, gewann wieder zwei Punkte, während die andere Partei wieder verlor.

Ganz leise, so daß es der Anführer der Verlierenden gerade noch hören konnte, sagte der Fuchs: »Viel Glück den Verlierern.«

Niemand achtete darauf, außer dem Mannschaftsführer, der für einen Augenblick den Kopf wandte. Wieder rollten sie die Sonne, und diesmal gewann die Mannschaft, die im Rückstand war.

Der Mannschaftsführer kam herüber und sagte zum Fuchs: »Ich danke dir, daß du uns Glück gewünscht hast.«

»Weiterhin viel Glück«, sagte der Fuchs, und wieder gewann die Mannschaft, die im Rückstand war.

Diesmal gab es einige Aufregung. Die Mannschaft, die bisher immer gewonnen hatte, bestand darauf, man solle den Fuchs fortschicken, aber die andere Mannschaft wünschte natürlich, er solle bleiben. Sie stritten sich, da aber die, welche für den Fuchs eintraten, stärker waren, durfte er am Ende bleiben.

Lange blieb der Fuchs im Dorf. Er blieb so lange, bis er es so gut kannte wie seinen eigenen Bau. Er blieb, bis er die Namen aller Leute kannte, bis er wußte, was sie taten und wo sie wohnten. Er blieb, bis er in Erfahrung gebracht hatte, wo sie die Sonne immer verwahrten und welche Männer sie bewachten. Er blieb, bis er alle Spielregeln jenes Spiels mit der Sonne kannte und man ihn selbst mitspielen ließ. Und während der ganzen Zeit dachte er über seinen Plan nach.

Eines Tages gab es ein großes Spiel. Der beste Spieler des Jahres

sollte dabei bestimmt werden. Der Fuchs spielte bei der Mannschaft, der er zu Anfang Glück gewünscht hatte. Zuerst durften alle anderen Spieler die Sonne rollen, dann endlich kam der Fuchs an die Reihe. Er nahm die Sonne zwischen seine Pfoten, wie sie es ihn gelehrt hatten, beugte sich vor, als wolle er sie über den Boden rollen, aber statt sie fortzustoßen, begann er mit der Sonne zu rennen und machte sich davon.
Im ersten Augenblick waren die Leute so erstaunt, daß sie nicht wußten, was tun. Dann wurden sie zornig und rannten hinter dem Fuchs her. Aber der Fuchs war ein guter Läufer, und er konnte sehr weit laufen. Deswegen hatte ihn Saynday zur ersten Etappe geschickt. Er rannte und rannte, und endlich kam er zu der Stelle, wo das Reh schon wartete. Es schaute sich die Sonne gar nicht erst an, es riß sie dem Fuchs aus den Pfoten und begann davonzuspringen, so schnell es konnte. Es lief und lief, und als es nahezu erschöpft war, traf es endlich die Elster.
Die Leute aus dem Sonnendorf waren weit zurückgeblieben, aber die Elster wollte kein Risiko eingehen. Sie nahm die Sonne, flog mit ihr davon und trug sie so weit weg, wie sie konnte. Als ihr der Atem auszugehen drohte, traf sie auf Saynday und gab ihm die Sonne weiter.
Die Leute aus dem Sonnendorf waren nun schon so weit entfernt, daß Saynday nicht einmal mehr zu rennen brauchte. Er spazierte ganz gemütlich dahin, die Sonne auf der Schulter, so wie man einen Sack Fleisch trägt. Er ging so langsam, daß die anderen Tiere ihn einholten, und als sie ihr altes Präriehund-Loch erreicht hatten, setzten sie sich alle nieder, um sich auszuruhen.
»Ja«, sagte Saynday, »jetzt gehört die Sonne uns.«
»Jetzt haben wir Licht«, sagte der Fuchs.
»Jetzt können wir sehen, was wir tun und wohin wir gehen«, sprach Saynday.
»Wir können umherreisen«, sagte das Reh.
»Jetzt werden die Pflanzen aus dem Boden schießen und gedeihen«, sagte Saynday.
»Jetzt werden Bäume wachsen, auf denen wir wohnen können«, sagte die Elster.
»Ich glaube, wir haben das Licht in unsere Welt gebracht«, sagte Saynday stolz.
Das Dumme war nur, daß jetzt zuviel Licht war. Früher war es immer dunkel gewesen, und jetzt war es immer hell. Die Menschen konnten umherreisen, aber sie wurden auch müde, weil es immer hell war. Die Pflanzen und Bäume wuchsen, aber sie hörten nicht mehr auf zu wachsen. Die Elster und seine Frau legten sich in den Ästen eines Baumes schlafen, der zehn Fuß hoch war, und als sie aufwachten, war der Baum zwanzig Fuß hoch. All das machte Verdruß.

Schließlich kamen die drei Freunde wieder zu Saynday, der vor seiner Hütte saß und die helle Sonne voller Bewunderung ansah.
»Was gibt's?« fragte er.
»Es ist zuviel Licht«, sagte der Fuchs.
»Wir wollen nicht soviel Licht«, sagte das Reh.
»Wir brauchen nicht soviel«, sagte die Elster.
»Was sollen wir tun?« fragte Saynday.
»Wir müssen versuchen, die Sonne irgendwo anders hinzustellen«, sagte der Fuchs.
»Das ist ein guter Vorschlag«, sprach Saynday.
Er brachte die Sonne in seine Hütte, aber sie schien durch die Wände.
»Man muß sie von der Erde wegnehmen«, sagte das Reh.
»Gut«, sagte Saynday, und er stemmte sie hoch und setzte sie auf das Dach der Hütte.
Aber o weh . . . die Sonne setzte die Hütte in Flammen.
»Man muß sie fortwerfen«, sagte die Elster.
»Ganz recht«, meinte Saynday, »ich mag das alte Ding auch nicht mehr. Es hat mir meine Hütte verbrannt.« Und er warf die Sonne in den Himmel, und dort blieb sie.
»Das ist ein guter Platz für die Sonne«, sagte der Fuchs.
»Jetzt ist sie weit genug fort und kann nichts mehr verbrennen«, meinte Saynday.
»Und sie hat genug Platz, um sich zu bewegen«, sagte das Reh.
»Sie kann von einer Seite des Himmels auf die andere reisen«, sprach Saynday.
»Jetzt können die Pflanzen langsam wachsen«, sagte die Elster.
»Jetzt haben die Menschen auf beiden Seiten der Welt Licht«, sagte Saynday.
Und so war es, und so ist es geblieben bis zu diesem heutigen Tag.

III. Wie Saynday die Büffel brachte

Saynday kam daher, und er sah die Tiere tanzen. Sie hatten sich eine Hütte aus Zweigen gebaut, und die jungen Männer tanzten und sangen.
»Hallo«, sagte Saynday, »was ist denn das?«
»Das ist ein neuer Tanz«, sagte die Libelle, »wir tanzen ihn zu Ehren der Sonne, die du uns geschenkt hast. Wir nennen ihn den Sonnentanz.«
»Ein hübscher Tanz«, sagte Saynday, »ich hoffe, alle haben ihren Spaß daran.«
»O ja«, sagte die Eule, »aber eines ist noch nicht gut.«
»Und das wäre?« fragte Saynday.

»Wir haben nichts zu essen«, sagte der Koyote, »unsere jungen Männer sind hungrig.«
»Das ist schlimm«, sprach Saynday.
»Wenn ich nicht bald etwas zu essen bekomme«, sagte der Fuchs, »muß ich aufhören zu singen, weil ich einfach zu schwach dazu bin.«
»Das ist wirklich übel«, sagte Saynday.
Sie standen alle beieinander und sahen dem Tanz eine Weile zu. Da war auch ein Vogelmann unter den Zuschauern. Ihn sah sich Saynday besonders genau an. Er sah aus wie die Krähen heute, nur daß diese Vögel damals noch weiße Federn hatten.
Diese Weiße Krähe trug einen großen Köcher bei sich mit einem guten starken Bogen und vielen bemalten Federn. Es war wirklich ein besonders hübscher Köcher, und der Krähenmann paßte gut darauf auf. Er hielt ihn im Arm, wie man ein Baby hält.
»Er schätzt gewiß seinen Köcher sehr«, sagte Saynday.
»Er legt ihn niemals aus der Hand«, sagte die Libelle.
»Es ist auch ein schönes Stück«, sagte Saynday.
»Er nimmt ihn gut in acht«, sagte die Eule.
»Er sieht aus, als ob er genug zu essen hätte«, meinte Saynday.
»Er ist fett, gesund und munter«, sagte der Koyote.
»Ich frage mich, wo er seine Nahrung findet«, sagte Saynday.
»Das weiß niemand ganz genau«, sagte der Fuchs.
»Das müßte sich doch herausfinden lassen«, sagte Saynday.
»Wir sollten ihm diesen Köcher abnehmen«, schlug die Libelle vor.
Sie standen alle da, schauten den Tänzern zu und dachten lange nach.
Dann sprach Saynday: »Wie gut sind eure Augen?«
»Sehr gut«, sagte der Fuchs.
»Besser als das«, sagte der Koyote.
»Recht gut«, sagte die Eule.
»Besonders gut«, sagte die Libelle.
»Nun gut«, meinte Saynday, »ich weiß, was wir tun müssen. Zuerst müssen wir ihn dazu bringen, daß er diesen Köcher fallen läßt. Darauf müssen wir uns dicht um ihn herumstellen, damit ich hineinsehen kann. Dann, wenn er fortgeht, müssen wir schauen, was er tut. Jeder von euch muß ihn so lange im Auge behalten, wie er ihn sehen kann, und dann muß der nächste einspringen und beobachten, wohin er geht. So werden wir herausfinden, wo er lebt.«
»Gut«, sagten die vier Freunde, und sie traten auf die Weiße Krähe zu.
»Guten Tag«, sagte Saynday.
»Guten Tag«, antwortete die Weiße Krähe.
»Du hast da einen schönen Köcher.«

»Das kann man wohl sagen.«
»Er sieht ziemlich schwer aus«, sagte Saynday.
»Er *ist* ziemlich schwer.«
»Wirst du nicht müde, wenn du ihn so lange im Arm hältst?« fragte Saynday.
»O nein, ich bin daran gewöhnt«, antwortete die Weiße Krähe.
Aber Saynday gab nicht auf. Er hatte sich in den Kopf gesetzt, diesen Köcher zu bekommen, und er würde ihn bekommen.
»Alle anderen sind müde«, sagte er, »sie sind schon müde vom Singen und Trommeln. Ich denke mir, du wirst noch viel mehr ermüdet sein als die anderen, weil du dauernd diesen schweren Köcher im Arm hältst.«
Aber die Weiße Krähe lachte. »Ich werde nicht müde«, sagte sie.
Saynday legte seinen Kopf auf die Seite und sah die Weiße Krähe von oben bis unten an.
»Wirklich«, sagte er, »wenn man dich so betrachtet, weiß man, daß du nie müde wirst. Du siehst so aus, als könntest du den Köcher einen ganzen Tag im Arm halten und danach eine Nacht singen, ohne daß du im mindesten müde wirst dabei.«
»Ach«, sagte die Weiße Krähe, »singen kann ich nicht. Ich habe keine Stimme.«
Das war Saynday schon klar, aber er brachte mit einer bestimmten Absicht die Sprache darauf.
»Nein«, sagte er, »du hast eine gute Stimme. Sie klingt etwas anders als die Stimmen anderer Leute. Aber auf ihre Art ist sie gut.«
Die Weiße Krähe lachte geschmeichelt.
»Du willst mich nur trösten!«
»Keineswegs«, sagte Saynday, »ich bin wirklich der Meinung, daß du eine schöne angenehme Stimme hast. Und ich habe dich beobachtet, wie du da gestanden hast und mit dem Fuß den Takt zur Musik gestampft hast. Du warst immer im Takt. Wer das fertigbringt, ist ein guter Trommler. Was ich sagen will, ist dies, ich wette, du könntest ohne weiteres trommeln und singen und die vier Männer ablösen, die jetzt damit beschäftigt sind. Für so gut halte ich dich.«
Dann drängten sich die vier Freunde um Saynday und die Weiße Krähe, und auch sie schmeichelten dem Vogel. Wieder und wieder versicherten sie ihm, wie begabt er sei und wie müde die Sänger wären, und sie drängten ihn, doch hinzugehen und sie abzulösen.
Endlich sagte die Weiße Krähe: »Nun gut. Aber nur für einen Augenblick.«
»Ich denke, jemand wird deinen Köcher halten müssen«, sagte Saynday.
»Ja, ich denke, es wäre wohl besser«, sagte die Weiße Krähe.

»Ach was«, sprach Saynday, »stell ihn doch einfach auf den Boden. Es nimmt ihn schon niemand fort.«
»Ich weiß nicht«, sagte die Weiße Krähe, »sei so gut, und halte du ihn, bei dir ist er sicher.«
»Ach«, sagte Saynday, »was soll ich mich mit dem schweren Ding abschleppen.«
Aber er nahm den Köcher doch, und die Weiße Krähe ergriff den Trommelstock. Saynday aber drängte sich durch die Zuschauer, bis zu einer Stelle, wo ihn die Weiße Krähe nicht mehr sehen konnte, und dort öffnete er den Köcher. Zuerst nahm er den Bogen und die Pfeile heraus und legte beides auf die Erde. Dann griff er mit seiner Hand tief hinein, fand etwas, zog es heraus . . . und es war eine besonders starke Bogenschnur, und auch sie legte er auf den Boden. Noch einmal griff er tief, tief in den Köcher, bis auf den Grund, und dort fand er, was er gesucht hatte. Es fühlte sich seltsam an in seiner Hand. Es war ein Stück Büffelfleisch und ein Klumpen Büffelfett.
»Ja«, sagte Saynday, »ich glaube schon, das das gut schmeckt.«
Und er steckte das Fleisch in den Mund und kaute es. Da wußte er, daß er dem Geheimnis der Weißen Krähe auf der Spur war. Er wußte freilich nicht genau, was er da aß, aber er schmeckte wohl, daß es die beste Nahrung war, die sich für einen Indianer finden läßt. Er verbarg den Rest des Fleisches in dem Köcher, steckte auch die extrastarke Bogenschnur, den Bogen und die Pfeile wieder hinein und setzte sich mit dem Köcher im Arm hin, bis die Weiße Krähe vom Trommeln und Singen zurückkam und sich sein Eigentum wieder aushändigen ließ.
»Auf Wiedersehn«, sagte Saynday zu der Weißen Krähe.
»Auf Wiedersehn«, antwortete sie und flog davon.
Die vier Freunde lagen auf dem Rücken und sahen ihr nach. Der Fuchs beobachtete sie, so weit sein Blick reichte. Als er nichts mehr sah, verfolgte der Koyote den Flug der Weißen Krähe, doch weiter als der Blick des Koyoten sahen die Augen der Eule, und als auch sie nichts mehr erkennen konnte, beobachtete sie die Libelle. Erstaunt erzählte sie ihren Freunden, die Weiße Krähe komme zurückgeflogen. Sie kam auf sie zu, bis sie fast über ihren Köpfen in der Luft stand, und dann sahen sie die Freunde hinter einen kleinen Hügel hinabtauchen. Da wußten sie, daß die Weiße Krähe gleich nebenan wohnte.
Saynday setzte sich, um nachzudenken.
Als er sich darüber klar war, was nun geschehen sollte, sprach er zu seinen vier Freunden:
»Lauft und ruft die Leute zusammen. Sagt ihnen, sie sollen mit dem Tanz aufhören und sofort das Lager abbrechen. Ich will, daß sie hinter diesen Hügel ziehen und mich hier zurücklassen.«
Die Freunde taten, wie ihnen geheißen. Sie brachten den Leuten

Sayndays Botschaft. Der Tanz hörte auf, und die Leute brachen das Lager ab und zogen hinter den Hügel. Saynday aber blieb zurück mit alldem, was gewöhnlich liegenbleibt, wenn ein Lager abgebrochen worden ist. Darauf verwandelte er sich in einen kleinen weißen Hund, verkroch sich unter den Unrat und wartete ab, was nun geschehen würde.
Zuerst kam die kleine Tochter der Weißen Krähe, um nachzusehen, ob etwas zurückgeblieben sei, womit sie spielen könne. Und als sie so über den aufgegebenen Lagerplatz strich, fand sie das kleine Hündchen. Sie rief es an und pfiff, aber es wollte nicht zu ihr kommen. Sie lief zu ihm hin und schnalzte mit den Fingern, aber der kleine Hund rannte davon. Da wurde sie traurig, setzte sich auf die Erde und weinte. Jetzt kam das Hündchen heran. Es schnupperte an ihren Beinen. Es sprang auf ihren Schoß und leckte ihr Gesicht. Da schloß sie es in ihre Arme und lief damit nach Hause. Vor der Wohnung begegnete sie ihrem Vater.
»Schau Vater«, rief sie, »die Leute sind fortgezogen, und das haben sie zurückgelassen.«
Die Weiße Krähe betrachtete das Hündchen, und je länger sie das Tier ansah, desto weniger gefiel es ihr.
»Ein komischer Hund«, sagte die Weiße Krähe, »hast du jemals ein weißes Hündchen mit einem Schnurrbart gesehen.«
Es stand schlecht für Saynday. An seinen Schnurrbart hatte er in der Eile nicht mehr gedacht. Jetzt, da sie ihn gesehen hatten, war es zu spät. Er konnte sich nicht noch einmal verwandeln und dabei diesen Schnurrbart forthexen.
Aber die kleine Tochter der Weißen Krähe kümmerte sich nicht um dieses verdächtige Anzeichen. Sie war verwöhnt und gewohnt, immer ihren Willen durchzusetzen, und so begann sie zu weinen.
»Ich will mein kleines Hündchen behalten«, schrie sie, »ich will nicht, daß er fortgejagt wird.«
Ihr Vater versuchte, sie zur Vernunft zu bringen, aber er konnte sie nicht weinen sehen, und so gab er am Ende nach.
»Schön«, sagte er, »du darfst das Hündchen behalten, aber du mußt gut darauf achtgeben. Und vor allem darfst du ihm keine Geheimnisse verraten und ihm nicht zeigen, woher wir unser Fleisch bekommen.«
An diesem Abend gaben sie Saynday Büffelgulasch zu fressen, und er aß so viel davon, daß er ganz faul und träge wurde und bald einschlief. Er verkroch sich unter das Lager des kleinen Mädchens und bemerkte gar nicht den schwarzen Felsen, der wie ein großes dunkles Tier aussah und am Westende der Hütte stand.
Am Morgen wachten sie alle zeitig auf. Die Krähenmutter machte Frühstück, und alle aßen sich satt.

Dann sprach die Weiße Krähe zu dem kleinen Mädchen: »Deine Mutter und ich müssen jetzt für einige Zeit fortgehen. Wir lassen dich hier mit deinem Hündchen allein. Aber denke immer daran, was ich dir gesagt habe: verrate ihm keine Geheimnisse und zeige ihm nicht, woher wir unser Fleisch holen.«

Dann flogen die Mutter und der Krähenmann fort.

Das kleine Mädchen streichelte sein Hündchen und spielte mit ihm, bis es müde wurde. Es ging in die Hütte, um sich dort schlafen zu legen, und es sah den großen schwarzen Felsen, der einem großen dunklen Tier glich. »Komm«, sagte es zu dem Hündchen, »ich werde dir zeigen, wo wir unser Fleisch herbekommen.«

Aber Saynday spielte das brave Hündchen. Er gähnte und streckte seine Hinterpfoten aus. Dann gähnte er wieder und streckte seine Vorderpfoten aus. Dann legte er sich mit hängender Zunge hin und tat so, als ob er schlafe.

»Nicht doch«, sagte das kleine Mädchen, »komm hierher, und ich zeig' dir was.«

Saynday richtete sich auf, machte einen krummen Rücken und kratzte sich.

»Du dummes Vieh«, sagte das kleine Mädchen, »ich werde es dir aber trotzdem zeigen.«

Es nahm ihn auf den Arm und trug ihn hinüber zu dem Felsen. Es setzte das Hündchen ab, rollte den Fels auf die Seite, und darunter war eine Höhlung, die in die Erde hineinführte. Sie beugten sich vor und sahen hinein, und dort unten waren all die Büffel — die großen Ochsen, die mittelgroßen Kühe und die kleinen Kälber. Da wurde Saynday klar, was für Fleisch er gegessen hatte, und er wußte, daß dies die Nahrung war, die den Indianern am besten schmecken würde.

Das kleine Hündchen sprang hinunter in das Loch und begann die Büffel zu jagen, und wie es so springend und bellend dort herumjagte, kamen viele der Büffel aus der Höhle hervor, und ihre Hufe machten ein Geräusch wie Donner.

Die Weiße Krähe war weit fort, aber sie hörte den Donner der Büffelhufe; so schnell es konnte, flog das Krähenpaar zurück, um den zu fangen, der die Büffel ins Freie gelassen hatte.

Saynday hörte sie kommen. Er verwandelte sich in ein Insekt und verbarg sich am Hinterbein des letzten Büffels. Alle Tiere sprangen aus der Höhle und preschten an der Krähenfamilie vorbei. Und draußen in der hellen Sonne nahm Saynday wieder seine wahre Gestalt an und sprach zur Herde:

»Dieses Gras hier sollt ihr essen, und in diesem Land sollt ihr leben. Geht von hier nach Süden und Westen, Norden und Osten, wo immer das Büffelgras wächst, damit die Menschen, die in diesem Land leben, euch finden und Nahrung haben. Geht nicht in die Gebirge im Westen, auch nicht in die dichten Wälder des Ostens, sondern verteilt euch hier in der Mitte, wo flache Ebenen sind, und gebt Nahrung all den Menschen, die in den großen Ebenen wohnen.« Und die Büffel hörten auf ihn und gehorchten. So war es, so ist es, und so wird es sein.

IV. Wie die Weiße Krähe schwarz wurde

Saynday kam daher, er kam und sah die Büffelherden, die sich über die Ebenen ausgebreitet hatten. Überall gab es kleine Familien und große Stämme von Büffeln. Saynday stieg auf einen Hügel im Westen und blickte über das Land.
Zuerst sah er alle Büffel grasen. Aber plötzlich warfen sie ihre Köpfe hoch und rannten fort. Er war zu weit fort, um zu erkennen, wer oder was sie in die Flucht getrieben hatte. Er fragte sich, was es wohl gewesen sein könnte, lief hinunter in die Ebenen und kam zu einem Dorf, wo seine Freunde lebten. Da traf er die Libelle, das Reh, die Elster und die alte Spinnenfrau.
»Guten Morgen, meine Freunde«, sagte Saynday.
»Guten Morgen. Setz dich zu uns.«
Also setzte sich Saynday hin. Die alte Spinnenfrau ging, um etwas zu essen zu holen, aber sie brachte nur wilde Kartoffeln, und das erstaunte Saynday.
»Was ist geschehen?« fragte er. »Geht keiner von euch mehr auf die Jagd, um Büffel zu schießen?«
»Wir gehen alle auf die Jagd«, sagte die Spinnenfrau.
»Wo ist dann das Fleisch?«
»Es gibt kein Fleisch mehr«, antwortete die Elster.
»Wo sind meine Büffel?« fragte Saynday.
»Draußen auf den großen Ebenen«, sagte das Reh.
»Aber warum schießen sie dann die Jäger nicht?«
»Jemand verjagt die Büffel«, sagte die Libelle.
»Das ist schlecht«, sprach Saynday.
»Wirklich, es ist übel«, sagte die Spinnenfrau, »immer, wenn ein Jäger sich einer Büffelherde so weit genähert hat, daß er die Tiere erlegen könnte, kommt *er* aus der Luft herabgestoßen und jagt die Büffel fort.«
»Wer ist er?« wollte Saynday wissen.
»Die Weiße Krähe«, sagte die Elster.
»Warum macht er das nur?« wunderte sich Saynday.
»Er sagt, die Büffel hätten, ehe du kamst, alle ihm gehört«, erklärte das Reh.
»Sie gehören allen, nicht ihm allein«, sagte Saynday.
»Nun, er behauptet, du hättest sie ihm gestohlen«, sagte die Libelle.

Saynday saß da, dachte nach und schüttelte den Kopf. Es gab immer neue Probleme auf der Welt. Lange dachte er nach, dann hatte er sich einen Plan zurechtgelegt.
»Gut«, sagte er, »ich werde es so einrichten, daß ihr wieder Büffelfleisch bekommt.«
»Du wirst uns also die Weiße Krähe vom Hals schaffen?« fragte die Spinnenfrau.
»Wollen sehen, was sich tun läßt«, sagte Saynday, »hört meinen Plan. Ich werde mich in einen Büffel verwandeln, in die Knochen unter dem Fell des Büffels. Ich weide draußen auf den großen Ebenen, und ihr kommt und schießt auf mich. Trennt die Haut vom Fleisch und das Fleisch von den Knochen, aber schneidet nicht in die Knochen, denn wenn ihr das tut, dann verletzt ihr mich, und ich werde schreien.«
Gesagt, getan. Saynday verwandelte sich in einen Büffel, in die Knochen des Büffels. Er lief hinaus auf die großen Ebenen und graste dort. Bald sah er einen Punkt am Himmel, die Weiße Krähe stieß nieder und setzte sich vor ihm ins Gras.
»Paß auf«, sagte die Weiße Krähe.
»Was gibt's?« fragte Saynday in der Gestalt eines Büffels.
»Die Jäger kommen«, sagte die Weiße Krähe, »besser, du läufst fort. Alt und fett, wie du bist, werden sie dich erlegen und dich essen.«
»Ach«, sagte der Büffel, »vor ein paar Jägern fürchte ich mich nicht.«
»Seltsam«, sagte die Weiße Krähe, »du bist nicht wie die anderen Büffel, die ich gesehen habe. Vielleicht bist du gar kein Büffel.«
Aber Saynday in Büffelgestalt fraß weiter Gras, und hinter sich hörte er seine Freunde näher und näher heranschleichen.
Die Weiße Krähe wurde immer aufgeregter.
»Paß besser auf«, sagte sie, »sie sind schon ganz nahe. Sie haben schon ihren Bogen aus dem Köcher genommen. Jetzt legen sie ihre Pfeile auf. Sie wollen dich erschießen. Paß auf ... ach, zu spät. Jetzt mußt du sterben.«
Und Saynday in Büffelgestalt fiel ins Gras und war ein toter Büffel.
Die Weiße Krähe versteckte sich hinter einem Grasbüschel. Das Reh, die Elster und die Libelle traten heran und begannen das erlegte Tier auszuweiden. Sie nahmen die Haut und alles Fleisch, denn wenn es auch Zauberfleisch war, so waren ihre Leute doch so hungrig, daß sie auch das essen würden. Sie schnitten sogar mit ihren Messern die dünnen Scheiben Fleisch zwischen den Rippenknochen heraus. Sie arbeiteten langsam und vorsichtig, um nicht in die Knochen selbst zu schneiden. Dann packten sie alles Fleisch in die Büffelhaut und schleppten es fort, damit es die Spinnenfrau für sie koche.
Während sie so arbeiteten, wußten sie, daß die Weiße Krähe

in der Nähe war. Sie sprachen nicht mit ihr, und der Vogel sprach nicht mit ihnen.

Als Sayndays Freunde gegangen waren, kam die Weiße Krähe hinter ihrem Grasbüschel hervor und umkreiste das Skelett des Büffels.

»Da hast du's!« sagte sie. »Was ich dir gesagt habe, ist eingetreten. Ich habe dir gesagt, daß die Jäger kommen würden, aber du hast dich nicht darum gekümmert. Benimmt sich so ein Büffel? Nein, nie und nimmer.«

Dann ließ sich die Weiße Krähe auf dem Schädelknochen nieder und pickte daran herum. Der Schädel bewegte sich etwas, denn das Picken kitzelte.

»Also doch«, sagte die Weiße Krähe, »wie ich es mir gedacht habe. Hat man je von Knochen gehört, die sich bewegen?«

Die Weiße Krähe sprang auf die Erde, rannte zu dem großen Hüftknochen und flatterte dort hinauf.

»Ich wette«, rief die Krähe dabei, »das ist dieser Bursche von Saynday. Wenn er sich verwandelt, haben die Gestalten, die er annimmt, immer Schnurrbärte. Ein Knochen, der sich bewegt! Das sieht Saynday ähnlich. Nichts macht er richtig. Er ist einfach zu faul, um eine Arbeit gut zu Ende zu bringen.«

Diese Worte machten Saynday so wütend, daß er es kaum fertigbrachte, weiter ruhig da zu liegen. Nur mit Mühe beherrschte er sich und wartete. Die Weiße Krähe sprang auf den Rücken des Büffelskeletts, lief dort entlang, und wieder kitzelte es Saynday, so, als ob ihm jemand mit dem Finger über die Wirbelsäule fahre. Jetzt konnte er es nicht verhindern, daß er sich wieder ein wenig bewegte. »Hab' ich es mir doch gedacht«, rief die Krähe, »diese Knochen leben!«

Und jetzt kitzelte sie das Skelett zwischen den Rippen. Darauf hatte Saynday nur gewartet. Er bog die Rippen zusammen. Die Weiße Krähe saß wie in einer Falle gefangen. Jetzt verwandelte sich Saynday in seine wahre Gestalt und faßte die Weiße Krähe mit beiden Händen und hielt sie fest.

»Das hast du dir nicht träumen lassen«, sagte er, »wenn du schon anfängst zu denken, dann mußt du auch entsprechend handeln. Denken allein hilft nichts.«

Und er trug die Weiße Krähe zwischen seinen Händen zum Lager. Dort warteten all seine Freunde auf ihn. Sie hatten sich satt gegessen und waren gerade dabei, alles Fleisch, das übriggeblieben war, über dem Feuer zu räuchern.

»Hier bringe ich den Übeltäter«, sagte Saynday.

»Was soll nun mit ihm geschehen?« fragte die Elster.

»Wir müssen ihn bestrafen«, sagte das Reh.

»Er muß derart bestraft werden, daß er sich immer daran erinnert«, sagte die Libelle.

»Gib ihn mir«, bat die Spinnenfrau.

»Das ist eine schwierige Aufgabe«, meinte Saynday.
»Ich weiß schon, was ich tun werde«, antwortete die Spinnenfrau, »gib ihn mir nur.«
Also gab Saynday die Weiße Krähe der Spinnenfrau, und diese hielt den Vogel fest zwischen ihren Händen. Dann aber zog sie ein Netz um die Weiße Krähe, einen Faden nach Süden, einen nach Norden, einen nach oben und einen nach unten. Die Fäden waren so fein, daß die anderen sie nicht sehen konnten, aber sie waren auch sehr fest. Plötzlich ließ die Spinnenfrau die Weiße Krähe los, und der Vogel flatterte davon.
»Da siehst du es«, sagte die Elster.
»Das mußte ja so kommen«, rief das Reh.
»Du hast ihn losgelassen«, rief die Libelle aufgebracht.
»Hab' ich dir nicht gesagt, die Aufgabe sei zu schwierig für dich!« sagte Saynday.
Aber die Spinnenfrau hielt ihre Hand hoch.
»Psst, seid still«, sagte sie, »ich weiß schon, was ich tue.«
Und sie begann mit der einen Hand zu ziehen, so, als ziehe sie etwas zu sich heran. Sie zog das Netz zusammen, das sie um den Leib der Weißen Krähe gesponnen hatte, und bald hielt sie den Vogel wieder in der Hand. Darauf ging sie zu dem Feuer, über dem das Fleisch geräuchert wurde, und band die Weiße Krähe über der Glut fest. Sie holte grünes Holz und warf es ins Feuer, so daß viel Rauch entstand. Nun hing die Weiße Krähe dort in dem Rauch und erstickte fast an dem Qualm. Die Spinnenfrau wartete, bis die Federn der Krähe ganz schwarz geworden waren, dann erst band sie den Vogel los.
»Jetzt mach, daß du fortkommst«, sagte sie, »deine Federn werden niemals mehr weiß werden. Immer wirst du schwarz bleiben zum Zeichen dafür, daß du die Menschen hast hungern lassen. Du wirst nie mehr allein auf die Jagd gehen können. Du wirst dich immer mit den alten Knochen zufriedengeben müssen, die im Gras liegen. Von jetzt an wirst du fressen, was andere Leute dir übriglassen. Das ist die Strafe für deine bösen Taten.«
Und so war es, so ist es, und so wird es immer bleiben.

V. Was mit der Ameise geschah

Saynday kam daher, und als er kam, sah er eine kleine Rote Ameise mit einem großen Sack auf der Schulter. Die kleine Rote Ameise sah zu diesen Zeiten ganz anders aus als heute. Ihr Kopf und ihr Körper waren aus einem Stück, und kein Hals saß dazwischen. Als sie mit dem großen runden Sack daherkam, sah es aus, als trage ein Ball einen anderen und als rollten beide durch das Gras.
»Hallo«, sagte Saynday, »es sieht aus, als ob du es heiß hättest.«

»Mir ist heiß«, sagte die kleine Rote Ameise, »es ist ein heißer Tag.«
»Setze dich zu mir und ruhe dich aus«, sagte Saynday, »wir wollen etwas miteinander besprechen.«
»Gut«, sagte die kleine Rote Ameise.
Sie setzten sich in den Schatten eines Baumes, und Saynday machte sich so klein, daß er bequem mit der kleinen Roten Ameise sprechen konnte.
»Ich habe viel nachgedacht«, sagte Saynday.
»Worüber hast du nachgedacht?« fragte die kleine Rote Ameise.
»Ich habe über den Tod nachgedacht«, sagte Saynday, »mein Volk lebt nun schon eine ganze Zeit in dieser Welt, und manche Dinge werden alt und sterben.«
»Was ist daran auszusetzen?« fragte die kleine Rote Ameise.
»Die Menschen sterben nicht gern«, sagte Saynday.
»Gegen den Tod läßt sich nichts ausrichten«, sagte die kleine Rote Ameise.
»Das stimmt«, sagte Saynday, »aber vielleicht könnte man die Menschen, die sterben müssen, nach dem Tod wieder zurückbringen. Darüber habe ich lange nachgedacht, und ich glaube, ich weiß jetzt, wie ich es anstellen kann, daß man die Toten wieder lebendig macht, wenn sie vier Tage tot gewesen sind.«
»Nun«, sagte die kleine Rote Ameise, »um ehrlich zu sein, mir scheint das ein recht törichter Einfall.«
»Was soll daran töricht sein?«
»Ja«, sagte die kleine Rote Ameise, »überlege doch einmal. So wie es jetzt ist, sterben jene Menschen, die alt sind. Wenn sie sterben, müssen sie nicht länger leiden. Und dann gibt es Platz für einen neuen Menschen, der geboren wird und sich seines Lebens freut. Ich würde denken, daß die Neugeborenen auch eine Chance haben sollten.«
»So ist es bis heute«, sagte Saynday, »aber vielleicht wird es nicht immer so sein. Vielleicht werden einmal junge Menschen bei einem Unfall getötet. Dann sollte es eine Möglichkeit geben, sie zurückzuholen, damit sie sich über ein volles Leben freuen können.«
»Ich denke anders«, sagte die kleine Rote Ameise, »wenn sie so dumm sind und sich töten lassen, ist das schließlich ihre eigene Schuld.«
»Nun ja«, sagte Saynday, »ich wollte wissen, wie du darüber denkst. Jetzt, da ich es weiß, will ich das Sterben für immer regeln. Wenn Dinge und Menschen sterben, sollen sie nie mehr in diese Welt zurückkehren. So, und nun muß ich weiter und mich in meiner Welt umsehen. Auf Wiedersehen.«
Und die kleine Rote Ameise und er gingen in verschiedene Richtungen von dannen.
Vier Tage später kam Saynday wieder an dem Baum vorbei,

und da war Trauer und Klagen überall. Er sah zu Boden und entdeckte dort die kleine Rote Ameise. Sie saß im Schatten des Baumes und weinte. Saynday machte sich wieder klein und setzte sich neben sie.
»Was ist geschehen?« fragte er.
»Oh, es ist mein Sohn«, sagte die kleine Rote Ameise.
»Was ist denn mit deinem Sohn geschehen?«
»Ein Büffel ist auf ihn getreten«, klagte die kleine Rote Ameise, »und nun ist er tot.«
»Das ist schlimm«, sagte Saynday.
»Es ist schrecklich«, rief die kleine Rote Ameise.
Und noch ehe Saynday etwas antworten konnte, zog sie ihr Messer aus dem Gürtel und versuchte sich in zwei Teile zu schneiden. Saynday, der meinte, es habe an diesem Morgen schon genug Sterben gegeben, nahm ihr das Messer aus der Hand, ehe sie ihren Leib über den Schultern ganz durchgeschnitten hatte.
»Siehst du«, sagte er, »so schmerzt es Menschen, wenn jemand stirbt, den sie lieben. Sie wollen dann auch sterben. Hättest du mich machen lassen, wie ich es im Sinn hatte, so wäre dein Sohn nach vier Tagen zurückgekommen. Aber du warst ja der Meinung, es werde zu viele Menschen auf dieser Erde geben, wenn ich es so eingerichtet hätte. Jetzt weißt du, warum ich die Toten nach vier Tagen zurückholen wollte. Aber für alle Zeiten werden nun die Toten für immer tot sein. Und für alle Zeiten sollst du so fast in zwei Teile geschnitten herumlaufen, damit du dich daran erinnerst, was du den anderen angetan hast.«
Und so war es, so ist es, und so wird es immer sein.

VI. Wie Saynday versuchte, den Wirbelwind zu heiraten

Saynday kam daher, da sah er ein wunderschönes Mädchen. Es war so schön, daß er wie erstarrt stehenblieb.
»Wie hübsch du bist!« sagte Saynday. »Wie heißt du, und woher kommst du? Nie zuvor habe ich ein so schönes Mädchen gesehen!«
»Mein Name ist Wirbelwind«, sagte das Mädchen, »ich komme aus dem Süden und aus dem Westen in der Mitte des Sommers, wenn es sehr heiß ist.«
»Wirbelwind, Wirbelwind«, sagte Saynday, »das ist ein hübscher Name. Er ist so hübsch wie alles an dir. Sag, willst du mich nicht heiraten?«
»Ich dich heiraten?« sagte das Mädchen. »Nein, ich denke nicht daran. Du hast so komische Arme und komische Beine und eine komische Stimme und dann diesen verrückten Schnurrbart mitten in deinem Gesicht. Du gefällst mir nicht.«

»Ich bin aber sehr gutmütig«, sagte Saynday, »mein Aussehen täuscht.«
»Hör mal«, sagte das Mädchen, »ich will nicht heiraten. Ich bin noch viel zu jung, um mich an jemanden zu binden.«
»Nein«, rief Saynday, »das stimmt nicht, du bist gerade im richtigen Alter. Und jemand, der so hübsch ist wie du, sollte heiraten, solange er jung ist und ehe er alt, fett und häßlich wird und niemand ihn haben will.«
»Ich weiß nicht«, sagte das Mädchen. Je länger sie Saynday betrachtete, desto weniger Lust verspürte sie, ihn zum Mann zu nehmen. »Meine Leute sagen, es ist sehr schwer mit mir auszukommen. Vielleicht sollte ich besser überhaupt nicht heiraten.«
»Nun, mit mir ist auch nicht leicht auszukommen«, sagte Saynday, »manche Leute finden, ich sei einfach gemein. Da müßten wir doch ein gutes Paar abgeben.«
»Ja«, sagte das Mädchen, »wenn ich jemanden wirklich liebe, dann könnte ich schon mit ihm auskommen.«
»Genauso ist es bei mir«, rief Saynday, »du kannst mir glauben, ich würde alles tun, um jemanden, den ich liebe, wirklich glücklich zu machen.«
»Wirklich«, meinte das Mädchen, »es sieht so aus, als ob wir uns sehr ähnlich wären.«
»Das sind wir«, beteuerte Saynday, »ich glaube, es wäre ein großer Fehler, wenn wir nicht heiraten würden. Wir sind für einander bestimmt.«
»Nun gut«, sagte das Mädchen, »also heiraten wir.«
Saynday war so aufgeregt, daß er ihr mit geschlossenen Augen, die Arme weit von sich gestreckt, nachrannte, um sie festzuhalten, denn er hatte Angst, sie könne ihm fortlaufen und es sich noch einmal anders überlegen. Gerade, als er sie fassen wollte, fuhr sie in einen Haufen Blätter und Äste und trug Saynday mit sich fort. Sie führte ihn weit, weit weg durch die Luft, und am Sattel-Gebirge ließ sie ihn wieder zur Erde hinunterfallen.
»Da!« sagte sie. »Vielleicht wird dir das eine Lehre sein. Hoffentlich hörst du nun auf das, was dir jemand ehrlich ins Gesicht sagt.«
Und fort brauste sie, während er nach Atem rang und Staub spuckte, denn sie war wirklich der Wirbelwind.

VII. Roter Saynday trifft Weißen Saynday

Saynday kam daher, und wie er so seines Weges ging, sah er einen weißen Mann. Der weiße Mann trug einen 20-Gallonen-Stetson-Hut, eine Wildlederweste mit allerlei Verzierungen daran. Er hatte Wildlederhandschuhe mit langen Fransen an, seine Hose war aus Wildkatzenfell, und an den Beinen trug er ein Paar

Cowboystiefel. Er ritt ein gutes Pferd mit weißer Mähne und weißem Schwanz, von der Rasse, die man Palomino nennt. Und der weiße Mann und sein Pferd wußten, daß sie eine gute Figur machten.

Saynday blieb stehen und musterte sie genau.

»Ja«, sagte er bei sich, »ein solches Pferd und solche Kleider hätte ich auch gern.«

Also ging er auf den weißen Mann mit dem schönen Palomino-Pferd und den eleganten Kleidern zu und fragte:

»Wie heißt du?«

»Saynday«, sagte der weiße Mann.

»Saynday?« fragte Saynday erstaunt. »Nein, das kann nicht sein. Das ist nicht dein Name. Saynday ist ein Indianername.«

»Ich bin der weiße Saynday!«

»Wirklich«, sagte der rote Saynday, »nun, ich heiße auch Saynday. Ich bin der Saynday der Indianer.«

»Ja«, sagte der andere, »wenn das so ist ...! Von dir habe ich schon viel gehört. Aber ich habe mir dich ganz anders vorgestellt. Du siehst nicht wie jemand aus, über den die Leute viel reden.«

Er sah auf den Indianer-Saynday herab, der nur ein Paar alte Mokassins und ein schäbiges Gewand trug und darin recht komisch aussah.

»Ja«, erklärte der rote Saynday, »ich bin der alte Onkel Saynday der Indianer. Ich bin der Mann, der immer daherkommt.«

»Gut«, sagte der weiße Saynday, »jetzt bist du also mir begegnet.«

»Wohl wahr«, sagte der rote Saynday, »und ich finde, du hast die schönsten Kleider an, die ich je gesehen habe.«

»Das ist nur mein alter Anzug für alle Tage«, sagte der weiße Saynday, »ich habe ihn mir aus dem Montgomery-Versandhaus schicken lassen.«

»Trotzdem sieht er sehr hübsch aus«, sagte der rote Saynday, »und ein gutes Pferd hast du auch.«

Der weiße Mann sagte nichts, denn er wußte wohl, daß es das beste Pferd in seinem Stall war.

»Man hat mir gesagt«, meinte er nach einer Weile, »du spieltest den Leuten Streiche.«

»Das stimmt«, antwortete der rote Saynday, »bisher habe ich dabei noch fast jeden hereingelegt.«

»Kommt es nie vor, daß dir ein Streich mißlingt?« fragte der weiße Saynday.

»Nun ja, hin und wieder schon ... aber nicht sehr oft. Ich fange es immer ziemlich schlau an.«

»Das sagt man«, meinte der weiße Saynday, »deswegen wollte ich dir schon immer einmal begegnen. Ich behaupte nämlich, daß du mich nicht hereinlegen kannst.«

»Das ist schon möglich ... vielleicht würde mir hier und jetzt kein Streich gelingen.«
»Weiche nicht aus«, sagte der weiße Saynday, »ich wette, es gelingt dir nie und nimmer, mich hereinzulegen.«
»Hier würde es mir nicht gelingen«, antwortete der rote Saynday, »du weißt ja, wie es bei uns Indianern so geht. Wir müssen unsere Zaubermedizinen zur Hand haben. Auch ich benutze für meine Streiche solche Medizin, und gerade habe ich sie nicht bei mir. Hätte ich sie aber, so würde mir jeder Streich gelingen.«
»Du prahlst nur«, sagte der weiße Saynday, »ich wette, du hast nicht mehr Zaubermedizin als ich. Du versuchst dich jetzt nur herauszureden, weil du genau weißt, daß deine Tricks bei mir nicht verfangen würden.«
»So ist es nicht ... nur eben, ohne meine Zaubergeräte bin ich hilflos.«
»Wo hast du denn diese wunderbaren Sachen?« fragte der weiße Saynday.
»Zu Haus.«
»Und wo bist du zu Haus?«
»Dort drüben«, sagte der rote Saynday und deutete mit dem Kinn unbestimmt in eine Richtung.
»Ist es weit?« fragte der weiße Saynday.
»Nicht sehr weit«, sagte der rote Saynday, »aber schon ein ganzes Stück.«
»Wie weit?« fragte der weiße Saynday ungeduldig.
»Ich sagte es ja ... ein ganzes Stück ... jedenfalls zu weit, um zu laufen.«
»Warum reitest du nicht?«
»Ich habe kein Pferd«, sagte der rote Saynday, »wo soll ein armer Indianer ein Pferd hernehmen?«
»Du könntest dir eines kaufen?«
»Wo soll ein armer Indianer Geld hernehmen?«
»Ich mache dir einen Vorschlag«, sagte der weiße Saynday, »ich habe mir nun einmal in den Kopf gesetzt, dir bei einem deiner Streiche zuzuschauen. Ich bin bereit, dir mein Pferd zu leihen, damit du zu deiner Hütte reiten und rasch deine Zaubermedizinen holen kannst.«
»Sehr freundlich«, antwortete der rote Saynday, »aber das geht nicht. Ich würde mir ja gern dieses schöne Pferd von dir ausleihen, aber es wäre nicht recht, wenn ein armer Indianer ein so edles Tier reiten würde.«
»Ach was«, sagte der weiße Saynday, »es ist ein Rodeopferd. Von mir aus darfst du es reiten, wenn du dich nur im Sattel halten kannst.«
»Gut«, sagte der rote Saynday, und es klang so, als habe er Zweifel, »ich kann es ja mal versuchen.«
Der weiße Saynday stieg ab, und der rote Saynday schwang sich

in den Sattel. Das schöne Palomino-Pferd trug einen Sattel mit Silberplatten und silbernen Steigbügeln, und am Sattel hingen zwei Pistolen, deren Griffe mit Silber und Elfenbein eingelegt waren. Auch das Zaumzeug war prächtig.
»Dieses feine Zaumzeug«, sagte der rote Saynday, »willst du es nicht besser abnehmen, ehe ich das Pferd reite?«
Der weiße Saynday wurde ungeduldig.
»Warum solche Umstände! Dazu müßtest du erst noch einmal absteigen. Nein, nein, ich habe schon genug Zeit vertan. Reite endlich los und hole deine Zaubermedizinen. Wenn du ohne sie zurückkommst, glaube ich kein Wort mehr von dem, was man sich über deine Streiche erzählt.«
»Nun gut«, sagte der rote Saynday, und er stieß dem Pferd die Knie in die Seite. Da tat das schöne Palomino-Pferd einen Luftsprung und bäumte sich auf, als sitze eine Tarantel unter dem Sattel.
»Da haben wir's«, rief der rote Saynday, »das habe ich befürchtet! Es läßt keinen Fremden reiten. Vergessen wir die Zaubermedizinen. Daraus wird nichts.«
»Bei mir geht das Tier immer ganz ruhig«, sagte der weiße Saynday.
»Freilich . . . an dich ist es gewöhnt. Es ist an deine Kleider gewöhnt, an deinen Hut und an deine Stiefel. Ich trage keine Kleider, von Hut und Stiefel gar nicht zu reden, deshalb scheut es bei mir.«
»Vielleicht ist es das«, sagte der weiße Saynday, »hier, nimm meine Kleider. Zieh sie an. Dann wird das Pferd nichts merken.«
»Ich weiß nicht«, sagte der rote Saynday, »soll ich wirklich . . .? Ich meine, ich könnte dir deine Kleider verderben. Nein, das ist kein guter Einfall.«
Der weiße Saynday wurde immer ungeduldiger.
»Soll ich hier den ganzen Tag herumsitzen und darauf warten, daß du jemandem einen Streich spielst? Wenn du meinst, du kannst mir einen deiner Tricks zeigen . . . dann gut und schön. Aber wenn nicht, dann sag es bitte gleich, ich habe nämlich viel zu tun.«
»Ich glaube doch, daß ich dir einen meiner Tricks zeigen kann«, sagte der rote Saynday, »wenn ich nur erst meine Zaubergeräte zur Hand habe.«
»Also dann . . . keine Widerrede. Du ziehst jetzt meine Kleider an, nimmst mein Pferd, und dann holst du deine Sachen, so schnell du kannst.«
»Mir soll's recht sein«, sagte der rote Saynday.
Sie ließen das schöne Palomino-Pferd mit schleifenden Zügeln weiden, und der weiße Saynday zog seine Kleider aus, die der rote Saynday anlegte. Er setzte sich den Hut auf, zog Hosen und Stiefel an, dann Hemd und Weste. Er ließ sich alles geben,

was der weiße Mann besaß, und gab ihm dafür seine alten Lumpen und seine abgewetzten Mokassins. Als er dann gestiefelt und gespornt war, sah der rote Saynday wirklich recht hübsch aus. Noch einmal fragte er:
»Ist es dir auch wirklich recht so?«
»Ja«, antwortete der weiße Saynday, »ganz gewiß.«
Also ging der rote Saynday hinüber zu dem schönen Palomino-Pferd, nahm die Zügel auf und stieg in den Sattel, und als er oben saß, ließ er das Pferd angaloppieren und ritt gegen den Mount Scott hin davon.
Nach einem kurzen Stück wandte er sich noch einmal um und rief dem weißen Saynday zu:
»Du wolltest doch sehen, wie ich die Leute hereinlege. Nun, jetzt hast du's gesehen. Auf Nimmerwiedersehen.«

VIII. Sayndays Ende

Als Saynday alle guten und alle bösen Taten auf der Welt vollendet hatte, rief er all seine Freunde zusammen. Es war gegen Sonnenuntergang. Das Reh kam und die Elster, die Libelle und der Koyote, die Präriehunde und die alte Spinnenfrau. Sie alle standen im Kreis um Saynday herum und hörten ihm zu.
»Dies hier ist meine Welt«, sagte er, »sie ist jetzt so weit fertig, daß ihr darin leben könnt. Ich habe alles eingerichtet und alles so gut gemacht, wie ich konnte. Nur eines bleibt mir noch zu tun. Dort drüben im Osten, am Rande des Himmels, ist eine Stelle ohne Sterne.«
Er streckte seine Hand aus, weit, weit hin nach Osten, und fünf helle Sterne wurden im Osten am Rand des Himmels sichtbar, einer für jeden seiner Finger.
»Dorthin will ich gehen«, sagte Saynday, »dorthin, wo jetzt die Fingerspitzen meiner Hand zu sehen sind. Den ganzen Sommer hindurch werdet ihr nach Sonnenuntergang dort meine Hand sehen, und wenn ihr sie betrachtet, dann denkt daran, daß ich über alles, was auf dieser meiner Welt wächst und lebt, wache, wie ich auch darüber wachen werde, daß ihr in dieser Jahreszeit nicht meine Geschichten erzählen sollt. Wenn aber der Winter kommt, dann werdet ihr meine Hand nicht mehr sehen. Dann ruhe ich mich aus, dann ist es Zeit, daß ihr euch untereinander Geschichten von mir erzählt. Und jetzt gehe ich, lebt wohl!«
Und ehe sie noch hinsehen konnten, wo er stand, war er fort, aber seine Hand stand am Himmel als Zeichen, daß er über sie wachte.
Und so war es, so ist es, und so wird es immer sein.

Der Schmetterlingsmann

Es war Frühling am Fluß, und die Tolowim-Frau war ruhelos und einsam. Der Tolowim-Mann war den Fluß hinuntergezogen, um Lachse zu stechen. Sie wußte, wenn er zurückkam, würde er zu den anderen Männern ins Schwitzhaus gehen. Dies war die Zeit des Reh-Tanzes im Frühjahr, die Zeit, zu der eine Frau unrein ist und ihr Mann sie meidet, wenn er an diesem Tanz teilnimmt. Der Tolowim-Mann mußte sich unbedingt rein halten, denn er gehörte zu den Tänzern, die die Rehe verkörpern, und dies ist eine gefährliche Angelegenheit. Um diese Zeit bleibt eine gute Frau daheim und sieht gewissenhaft darauf, daß kein Tabu verletzt wird.

Die Tolowim-Frau war eine gute Frau, aber sie wußte auch, daß im Frühling die wilden Schwertlilien in den Bergen blühen. Die Tolowim-Frau konnte das Geschwätz der Frauen nicht mehr hören. Frauenstimmen waren ihr plötzlich verhaßt. Sie setzte ihren Korbhut auf, nahm das Wiegenbrett mit dem Baby auf ihren Rücken und kroch durch die Vordertür aus der Hütte.

Draußen richtete sie sich auf, blickte noch einmal den Fluß hinab, wandte sich dann um und lief hinauf in die Berge.

Die Sonne war hell und heiß. Nachdem sie ein Stück des Weges bergauf gegangen war, kam sie außer Atem. Sie streifte das Wiegenbrett ab, stellte es in den Schatten eines Manzanita-Busches und setzte sich auf den Boden, um sich auszuruhen.

Wie sie dort saß, flatterte ein Schmetterling herbei. Er strich dem Baby über den Arm. Das Kind lachte und versuchte, ihn zu erhaschen.

Der Schmetterling strich der Tolowim-Frau über die Wange. Auch sie lachte und versuchte, ihn zu fangen. Der Schmetterling ließ sich einen Augenblick auf einem Zweig des Manzanita-Busches nieder. Die Tolowim-Frau lachte wieder. Sie beugte sich vor, um den Falter mit ihrem Hut zu bedecken. Aber er flog zum nächsten Busch. Sie stand auf und lief ihm nach.

Sie wünschte sich diesen Schmetterling. Er war groß mit starken Flügeln und sehr schön. Die Schwingen waren mit Bändern gezeichnet, die hatten das Schwarz von Muschelschalen, und die Streifen glänzten scharlachrot wie die Federn auf dem Schopf eines Spechtes.

Sie wünschte sich so sehr, diesen Schmetterling zu besitzen. Er war immer ganz nahe vor ihr, und immer schien es, daß sie ihn beim nächsten Schritt fangen werde, aber immer wieder huschte er fort und entkam.

Sein Flugweg war nicht vom Zufall bestimmt. Er lockte sie immer weiter vom Fluß fort und immer weiter hinauf in die Berge.

Die Tolowim-Frau sah sich um. Ihr Kind schlief friedlich im

Schatten des Manzanita-Busches. Der Schmetterling würde bald ermüden. Sie wollte ihm noch über den nächsten Hügel folgen und dann zu dem Kind zurückkehren.
Aber der Schmetterling ermüdete nicht, und ihr gelang es nicht, ihn zu fangen. Immer stärker wurde das Verlangen der Tolowim-Frau, ihn zu besitzen, und den ganzen Nachmittag lockte er sie weiter und weiter. Ihr Lederhemd war schmutzig und zerfetzt von den Dornen der Büsche. Sie hatte ihren Hut verloren, und sie war nicht stehengeblieben, um ihn aufzuheben. Die Muschelkette um ihren Hals war zerrissen. Endlich ging die Sonne unter, und weit landeinwärts in den Bergen, die sie nicht kannte, sank die Tolowim-Frau erschöpft zu Boden. Der Schmetterling machte sofort kehrt und flog zu ihr hin. Er ließ sich neben ihr nieder. In der Abenddämmerung sah sie, wie er sich in einen schlanken, schönen Mann verwandelte, nackt, nur mit einem Gürtel aus Schmetterlingen um seine Hüfte, mit langem Haar, das von einem schwarzroten Stirnband gehalten wurde.
Zusammen verbrachten sie die Nacht. Am Morgen fragte der Schmetterlingsmann sie:
»Willst du mit mir gehen?«
Sie antwortete: »Ja, ich will.«
Dann sagte er zu ihr: »Das ist gut. Wir müssen noch einen Tag reisen, dann sind wir in meinem Land, und dort werden wir glücklich leben. Aber es ist eine lange und gefährliche Reise, meine Geliebte. Wir müssen das Tal der Schmetterlinge durchqueren, und sie werden versuchen, mich dir zu entreißen. Du mußt genau das tun, was ich dir sage, dann werden wir der Gefahr entgehen.«
Das versprach sie, und er sagte: »Bleibe dicht hinter mir. Tritt dorthin, wohin ich getreten bin. Halte dich mit beiden Händen an meinem Gürtel fest. Laß auch nicht einen Augenblick los. Und sieh keinen Schmetterling an, ehe wir nicht das Tal hinter uns gelassen haben. Gehorche mir nur dieses eine Mal, und du wirst für immer sicher sein. Und denk daran, ich verliere die Kraft, die dich schützt, wenn deine Hände nicht auf meinem Gürtel liegen.«
Sie brachen auf. Der Schmetterlingsmann ging voran, die Tolowim-Frau folgte. Sie faßte den Gürtel fest mit beiden Händen und sah zu Boden. So kamen sie in das Tal der Schmetterlinge und gingen eine Zeitlang im Tal dahin. Der Boden war hart, aber der Schmetterlingsmann lief mit schnellen, sicheren Schritten.
Schmetterlinge saßen auf den Felsen, über die sie klettern mußten. Schmetterlinge schlugen gegen ihre Beine, setzten sich ihnen ins Haar und flatterten vor ihren Gesichtern. Das ganze Tal schien voller Schmetterlinge. Lange Zeit dachte die Tolowim-Frau daran, was der Schmetterlingsmann ihr gesagt hatte. Sie

hielt ihre Hände auf seinem Gürtel und blickte zu Boden. Aber dann tanzte plötzlich ein Schmetterling, schwärzer noch als der Schmetterlingsmann und strahlend wie eine Krone, vor ihr. Er tänzelte um ihre Brüste, vor ihren niedergeschlagenen Augen und ließ sich für Augenblicke auf ihren Lippen nieder. Dann flog er langsam fort. Sie stöhnte vor Erregung. Ihre Augen verfolgten seinen Flug, und sie nahm eine Hand vom Gürtel und griff gierig nach ihm.

Er war fort.

Aber sogleich tanzten Hunderte, Tausende anderer Schmetterlinge vor ihr, sie schlugen gegen ihre Augen, ihre Wangen und ihren Mund. Sie waren schwarz und rein weiß, blaß golden, sumpfgrün oder purpurrot.

Sie wollte sie alle, und so ließ sie den Gürtel des Schmetterlingsmannes los und griff nach ihnen mit beiden Händen. Nicht einen konnte sie erhaschen.

Der Schmetterlingsmann blieb weder stehen noch sah er sich um. Und während sie einmal diesem, einmal jenem Schmetterling nachjagte, stolperte, hinfiel und sich wieder aufraffte und doch nie eines der Tiere fing, entfernte sich ihr Geliebter mehr und mehr, sie aber achtete nicht darauf. Wie im Wahnsinn jagte sie immer wieder von neuem den gaukelnden Schmetterlingen nach.

Ihre Zöpfe gingen auf. Ihr Rock verfing sich an einem Busch und zerriß. Sie warf ihn fort. Ihre Mokassins gingen in Fetzen. Nackt, mit aufgelösten Haaren, von den Felsen am ganzen Körper zerschunden, setzte sie ihre hoffnungslose Jagd fort.

Der Schmetterlingsmann war fort. Er hatte das Tal durchquert und sein Land erreicht.

Die Tolowim-Frau folgte einem Schmetterling und verlor ihn aus den Augen. Sie jagte einem anderen nach und verlor auch ihn. So ging es immer weiter, und immer unsicherer wurden ihre Schritte. Dann blieb ihr Herz stehen. Das war das Ende der Tolowim-Frau.

Ishanihura

Ishanihura war ein junges Mädchen wie andere auch. Sie wuchs auf als einzige Schwester unter neun Brüdern, und alle hatten sie gern. Der Erstgeborene war ein Sohn, Makikirèn, ein sanftes Kind und so schön, daß Vater und Mutter seufzten, wenn sie ihn ansahen; sie wußten, daß es schwer ist, jemanden zu behüten, der so schön ist. Ishanihura kam als nächstes Kind zur Welt, und sie war so eigenwillig und leidenschaftlich, wie ihr älterer Bruder schön war. Nach ihr wurden acht Jungen geboren, und dann war die mit Erde bedeckte Hütte auf der Lichtung in

den einsamen Hügeln so voll, daß niemand mehr in ihr Platz hatte.
Die Eltern lehrten ihre Kinder, was ein Mensch wissen muß: was man glauben soll, was man tun soll, was man nicht tun soll. Die Kinder hörten, wie die Welt erschaffen worden war, und sie hörten vom Anfang aller Dinge. Sie lernten die Geschichte des Volkes, seine Lieder und seine Geschichten, und sie lernten die Sprache der Frauen. Ishanihura und ihre Mutter sprachen nur diese Sprache, und der Vater und die Brüder bedienten sich ihrer, wenn sie mit ihnen sprachen. Ishanihura lernte kochen und Samen sammeln, Mehl mahlen, nähen und Körbe flechten. Vom Vater lernten die Jungen die Sprache, die die Männer benutzen, wenn sie unter sich sind; und sie lernten zu jagen, Fallen zu stellen, zu fischen, Unterstände und Hütten zu bauen und Werkzeuge anzufertigen. Es war ein gutes Leben. Der Vater und die Mutter hätten glücklich und zufrieden sein können. Aber sie empfanden ein Unbehagen, dessen Ursache sie nicht zu benennen wußten.
Makikirèn wurde groß und schlank und noch schöner, und weil sie fühlten, daß er bedroht sei, wollten sie ihn verbergen und von den anderen fernhalten und schickten ihn zu Besuch zu seinen Großeltern, die flußabwärts wohnten. Öfter und öfter reiste er allein durchs Land, bis er eines Tages den Weg auf den Himmelsboden fand und sich dort mit den Himmelsmenschen anfreundete. Von diesem Tag an verbrachte er viel Zeit dort. Vielleicht war der Himmelsboden in jenen alten Zeiten der Erde noch näher als heute, denn wir wissen, daß die wilden Gänse und andere hochfliegende Vögel damals ohne Anstrengung in die Himmelswelt flogen und daß es Leute gab wie Makikirèn, die kamen und gingen zwischen Himmel und Erde hin und her, was heute nicht mehr möglich ist. Seiner Schwester schien es so, als sei Makikirèn ganz von zu Hause verschwunden. Zuerst fragte sie ihre Mutter deswegen, aber dann gewöhnte sie sich daran und stellte nicht länger Fragen.
Ishanihura kam in das Alter, da aus dem Mädchen eine Frau wird, und einmal im Monat, wenn sie unrein wurde, zog sie in das kleine mit Erde bedeckte Haus, das man ihr neben dem großen Familienhaus gebaut hatte. Sie war nie ein sehr glückliches Kind gewesen, aber jetzt war sie mehr denn je ruhelos, mißmutig und unzufrieden, und ihre Eltern überlegten sich, daß es das beste sein werde, sie bald, sehr bald in die Dörfer im Unterland zu ihren Großeltern zu schicken, wo Gelegenheit war, sich unter den Söhnen der Freunde ihrer Eltern einen Mann zu suchen. Ishanihura schien nicht viel daran zu liegen, die Leute im Unterland kennenzulernen, und so wurde denn ihre Reise immer wieder hinausgeschoben.
Hinter dem Haus in einiger Entfernung zwischen den Bäumen

lag eine Quelle und etwas weiter abwärts ein schattiger Teich, in den das Wasser aus der Quelle floß. Hierhin kamen Ishanihura und ihre Mutter, um Wasser zu holen und Wäsche zu waschen, und auch der Vater und die Brüder des Mädchens kamen nackt aus dem Schwitzhaus dorthin, um zu baden. Es war ein ruhiger stiller Wald, und Ishanihura saß gern am Rand des Teiches, starrte in seine dunkle Tiefe und hing ihren seltsamdüsteren Träumen nach.

Als sie nun eines Tages wieder dort saß und ihre Hand spielerisch durch das Wasser gleiten ließ, ringelte sich ein einziges menschliches Haar um ihre Hand und ihren Arm. Sie nahm ein Ende des Haares, zog es gerade und fragte sich, von wem es wohl sein mochte. Von ihr selbst oder von ihrer Mutter konnte es nicht sein, dazu war es zu grob, von ihrem Vater auch nicht, dazu war es zu lang. Da aber sonst niemand aus der Familie in diesem Teich zu baden pflegte, konnte es nur von einem ihrer Brüder stammen.

Von welchem Bruder?

Sie maß das Haar an ihrem eigenen langen Haar. Es hatte dieselbe Länge.

Sie ließ das Haar durch ihre Finger gleiten, der Tag verging. Die Sonne sank, und die Schatten wurden lang und länger. Ihre Mutter rief sie. Da wickelte sie das Haar um das Band, das ihr eigenes Haar hielt. Als sie aufstand, sah sie ihr Spiegelbild im Wasser, und seltsam erregt, von dem, was sie da sah, begann sie, einen steifen Tanz zu tanzen, bei dem sie mit den Armen schlug und ihren Kopf bewegte, bis sie ihre Mutter noch einmal rief. Da rannte sie rasch zur Hütte.

Nach dem Essen ging der Vater mit zwei von den älteren Jungen ins Schwitzhaus. Makikirèn war zu dieser Zeit nie mehr daheim bei seiner Familie. So blieben Ishanihura, ihre Mutter und die jüngeren Brüder allein zurück. Sie setzten sich ans Feuer, und die Kinder baten die Mutter, sie möge ihnen eine Geschichte erzählen.

Sie erzählte ihnen die lange Geschichte von der Erschaffung der Welt, wie die Täler und Berge entstanden, die Quellen und Flüsse, die Pflanzen und Bäume und endlich auch all die Tiere. Von hoch oben sah der Adler, der Schöpfer, auf alles herab, und alles schien gut, nur, daß es keine Menschen gab. Da rief der Adler seine beiden Kinder, einen Sohn und eine Tochter, und er befahl ihnen, auf die Erde hinabzusteigen, damit es dort Menschen gebe. Sie gehorchten, und sie waren ganz allein auf der Erde. Der Junge sagte zu seiner Schwester: »Komm, wir wollen miteinander schlafen!« Sie antwortete nicht. Fünfmal fragte er sie, und nach der fünften Aufforderung sagte sie: »Warum schlägst du mir das vor? Du bist doch mein Bruder.« Er sagte: »Wir sind allein. Es gibt keine anderen Menschen. Wenn wir

zusammen schlafen, werden Kinder geboren werden, und wir werden nicht länger allein sein. Deshalb hat uns Vater Adler auf die Erde geschickt.«
Da war die Schwester einverstanden, sie schliefen zusammen und zeugten Kinder. Und als die Kinder geboren waren, teilte der Adler seinen Enkeln besondere Orte zu, einem dieses Tal und dem anderen jenes Gebirge, und dort lebten sie und wurden zu verschiedenen Völkern, so wie die Menschen heute. Eine Heirat zwischen Bruder und Schwester aber, so schloß die Mutter ihre Geschichte, hat es nur einmal im Anfang der Schöpfung gegeben.
Während die Kinder gebannt der Mutter zuhörten, glättete Ishanihura das Haar ihres jüngsten Bruders. Sie saß halb im Dunkeln, holte das Haar hervor, das sie aus dem Teich gefischt hatte, und fühlte, daß es gröber war als das Haar ihres jüngsten Bruders. Sie rückte zu den anderen beiden Knaben und verglich auch ihr Haar mit dem Haar aus dem Teich. Nein, von ihnen stammte dieses Haar nicht. Vielleicht gehörte es einem der Jungen, die mit dem Vater im Schwitzhaus waren.
Sie würde sich etwas ausdenken müssen, um das nachprüfen zu können, denn die beiden anderen Knaben waren älter und schliefen im Männerhaus. Sie sah sie nicht mehr so häufig, seitdem sie mit dem Vater in diesem anderen Haus wohnten, und gewiß würden sie sich auch nicht die Haare kämmen lassen wie die jüngeren Brüder.
Die Zeit kam wieder, zu der Ishanihura das kleine Mädchenhaus bewohnte, weil sie unrein war. Eines Abends, als sie in Gedanken verloren vor ihrer Hütte saß, hörte sie von fern her ihren Vater und ihre Brüder im Schwitzhaus singen und beten. Bald, das wußte sie, würden sie zum Teich gehen und dort baden. Die Nacht war klar, und nur die Sterne gaben Licht. Ishanihura schlich sich zum Teich und verbarg sich dort.
Die Tür des Schwitzhauses wurde aufgestoßen, aber nur ein Mann kam heraus. Sie hörte das Geräusch der nackten Füße, und die dunkle Gestalt kam so nahe an ihr vorbei, daß sie ihn hätte berühren können. Der Mann hob seine Hände hoch über den Kopf, legte die Finger aneinander, daß sie einer Speerspitze glichen, und sprang ins Wasser. Er tauchte, kam hoch und schwamm zwei-, dreimal im Kreis im Teich herum. Dann zog er sich ans Ufer, preßte sein langes Haar aus und ließ die glitzernden Tropfen über seine Arme und Beine rinnen. Darauf stand er mit einer raschen Bewegung auf, rannte den Hügel hinauf und verschwand in der Nacht.
Als er fort war, schlich sich Ishanihura vorsichtig zu der Stelle, an der er die Nässe aus seinem Haar gepreßt hatte — vorsichtig, weil sie damit rechnen mußte, daß die anderen Brüder ihm folgen würden. Und da . . . wie sie gehofft hatte, fand sie, dort,

wo er gesessen hatte, ein Haar. Immer noch ängstlich, daß ihr jemand begegnen könne, legte sie das eben gefundene Haar um ihren Hals, lief zu ihrer kleinen Hütte zurück und verglich dort die beiden Haare aus dem Teich miteinander. Sie waren gleich. Sie hielt sie hoch und ließ sie vor ihren Augen in der Luft schweben. Da überfiel sie Verlangen nach dem, dessen Haar sie zwischen ihren Fingern hielt.
Sie setzte sich ans Feuer und dachte nach.
Welcher ihrer Brüder mochte es sein?
Und warum war nur einer ihrer Brüder zum Teich gekommen? Nun, das mußte sich bald herausstellen. Sie würde nur am Abend jeweils weiter beobachten müssen. Bei diesen Gedanken wickelte Ishanihura die kostbaren Haare in ihr eigenes Haar ein und legte sich schlafen. In ihren Träumen sah sie die jungen Mädchen aus den Geschichten, die ihre Mutter zu erzählen pflegte, Mädchen, die ihr kleines Haus entgegen Sitte und Gebot verlassen hatten. Einige waren von Schlangen gebissen worden und auf der Stelle gestorben, andere hatten Unglück und Schande über ihre Familien gebracht. Eine gab es, die hatte sich geschnitten und ihr eigenes Blut aus der Wunde gesaugt, und da sie den Geschmack so sehr liebte, saugte sie mehr und mehr davon, bis sie selbst schließlich nur noch ein Kopf war — der Menschenfresserschädel, der über die Erde rollte mit einem unersättlichen Verlangen nach mehr und mehr Menschenblut.
Als sie am Morgen erwachte, vergaß Ishanihura ihre Träume und erinnerte sich nur noch an ihr Verlangen. Als der Abend kam, verbarg sie sich wieder am Teich. Aber in dieser Nacht kamen zwei ihrer Brüder zusammen mit dem Vater, und keiner der drei tauchte oder schwamm wie jener, den sie in der ersten Nacht beobachtet hatte. Ishanihura konnte ihre Enttäuschung nur schwer verbergen. Sie war ruhelos und unglücklich und blieb es all die Tage, bis die Zeit wieder kam, da sie unrein wurde und wieder in das kleine Haus zog. Wieder verbarg sie sich am Teich, sobald es dunkel geworden war. Sie mußte lange warten. Sie sah den Mond über dem stillen Wald aufgehen, und als sie endlich das Geräusch von nackten Sohlen auf dem Waldboden näher kommen hörte, lag der Teich im vollen Licht des Mondes da. Ishanihura kauerte sich im schmalen Schatten einer Pinie zusammen. Wieder sah sie einen Mann ins Wasser schnellen, im Teich umherschwimmen, wieder zog er sich ans Land und preßte am Ufer seine nassen Haare aus. Schattenlos und glitzernd fielen die Tropfen auf seine Haut, da erkannte Ishanihura, daß der Schwimmer Makikirèn war. Makikirèn, der Schöne!
Als Ishanihura in das große Haus zurückkehrte, war sie fast glücklich, und der Vater und die Mutter glaubten schon, es werde mit ihr alles gut werden. Manchmal schlich sie sich fort. Fragte man sie, wo sie gewesen sei, so gebrauchte sie Ausreden, aber

schließlich war sie doch damit einverstanden, flußabwärts zu reisen und sich im Unterland einen Mann zu suchen. Kleider wurden genäht, Lebensmittel zusammengetragen, und Ishanihura schien sich auf die Reise zu freuen.
Unterdessen hatte sich Ishanihura sehr genau mit Makikirèns Gewohnheiten vertraut gemacht, mit den Zeichen, die dem Vater verrieten, daß er heimkam, mit den Geräuschen, die im Wald zu hören waren, wenn er sich näherte. Sie hatte in Erfahrung gebracht, daß er jeden Monat mehrere Nächte im Männerhaus blieb und dort mit seinem Vater und seinen Brüdern sich unterhielt, mit ihnen sang und betete, um dann vor Tagesanbruch wieder fortzugehen.
Ein neuer Lederrock, neue Sandalen und die schönste Pelzweste der Mutter lagen für Ishanihuras Reise bereit. Ihr Vater erklärte ihr den Weg, den sie einschlagen sollte. Freilich müsse sie nach Westen laufen, sagte er ihr. Den Strömen zu folgen, bedeute eine sichere, aber lange Reise. Die Abkürzung über das Gebirge hingegen sei steil und anstrengend.
»Aber ich kann nicht allein gehen«, unterbrach sie ihn, »jemand muß mich begleiten.«
»Natürlich. Wahrscheinlich möchtest du, daß dein Vater mitkommt«, sagte die Mutter.
»Nein«, antwortete Ishanihura, »nein, mein Vater wird nicht die rechten Worte finden, wenn ich einen jungen Mann gewählt habe.«
»Gut«, beruhigte sie der Vater, »ich werde hierbleiben. Deine Mutter wird mit dir kommen.«
»Meine Mutter kann mit fremden Leuten nicht reden. Ich will nicht, daß meine Eltern mitkommen!«
»Dann wird dich einer deiner Brüder begleiten.«
»Ja, einer meiner Brüder!«
Die Jüngeren boten sich an. »Nimm uns mit, Schwester«, sagten sie, »wir werden für dich fischen und Kaninchen fangen.«
»Ihr seid noch zu jung«, sagte Ishanihura zu ihnen, »was sollen die Leute denken, wenn ich mit euch komme?«
Die älteren Jungen schlugen ihr vor, sie zu begleiten. Sie hatte bei jedem einen neuen Einwand, bis schließlich ihr Vater sagte:
»Aber wer soll dich dann begleiten, Ishanihura?«
»Ich möchte, daß Makikirèn mich in den Westen bringt.«
»Wir wissen nicht, wo Makikirèn ist . . .«
»Er ist manchmal krank . . .«
»Makikirèn ist weit fort . . .«
»Er ist bei dem Himmlischen Volk . . .«
So redeten sie, bis Ishanihura sie anschrie:
»Ihr lügt! Makikirèn ist im Schwitzhaus! Er ist hier. Er ist nicht krank, und er geht auch nicht zu den Himmelsmenschen. Er

wird mich hinbringen, oder ich gehe nicht. Er wird mich begleiten, oder ich werde nie heiraten.«
Diese Worte hörte Makikirèn, der sich dem Haus genähert hatte, um seinen Vater zu suchen.
Er kam herein und sagte:
»Beruhige dich, Schwester«, und an seine Eltern gewandt, fügte er hinzu: »Macht euch keine Sorgen. Ich werde sie in den Westen bringen. Ich bin ihr ältester Bruder. So ist es recht. Ist denn alles für die Reise bereit?«
»Alles ist bereit, Bruder.«
»Also werden wir morgen früh aufbrechen, sobald es anfängt hell zu werden.«
So war denn alles besprochen, und die Familie legte sich schlafen, aber nur Ishanihura war glücklich über das, was an diesem Abend entschieden worden war.
Beim ersten Licht des neuen Tages machten sich Makikirèn und Ishanihura auf den Weg, ihr Tragekorb war schwer von Lachsmehl, Maisbrot und gestampften Manzanita-Beeren, denn dies war eine lange einsame Reise.
Makikirèn ging voran, und als die Sonne hoch am Himmel stand, vermochte Ishanihura mit ihm nicht mehr Schritt zu halten. Sie setzte ihren schweren Tragekorb ab und sagte:
»Laß uns rasten, Geliebter.«
Makikirèn blieb stehen: »Was hast du da gesagt, Schwester?«
»Ich sagte, geh nicht so schnell, älterer Bruder.«
Makikirèn ging nun langsamer.
Ishanihura, wütend auf ihn und wütend auf sich selbst, sagte nichts mehr, sie wiederholte nur bei sich selbst, während sie ging, einen geflüsterten Singsang: Oh, daß doch die Sonne bald versinken möge am Rande der Welt! Oh, daß doch die Dunkelheit bald kommen möge und lange bleibe, damit ich zärtlich spielen kann mit dem, wodurch sich mein Geliebter unterscheidet von mir, damit ich es küssen und lieben kann, bis es in meinen Leib fährt wie ein Blitzschlag.
Und dies ist der Gesang, den die Indianermädchen am Tag ihrer Hochzeit singen.
Endlich sank die Sonne hinter den Rand der Welt herab. Über den Wald senkte sich Dunkelheit, und sie konnten nicht weitergehen. Schon am Nachmittag waren Wolken am Himmel gewesen, und nun, bei Sonnenuntergang, fielen einige Tropfen Regen. Sie stellten ihre Körbe auf den Boden, und rasch und geschickt baute Makikirèn aus Rinde ein Schutzdach, und als es stärker zu regnen begann, hatte er schon ein Feuer aufgezündet, und Ishanihura kochte das Essen. Sie aßen und wärmten sich nahe dem Feuer, während draußen der Regen dichter und dichter in die Dunkelheit um sie fiel.
Nach dem Essen saß Makikirèn am Feuer, während Ishanihura

Farne, die sie zuvor gepflückt hatte, auf dem Boden ausbreitete. Nachdem sie sich selbst ein weiches Lager in der Rindenhütte bereitet hatte, ging sie durch den Regen zu der Höhlung in einem Felsen, wo der Bruder schlafen wollte, und legte auch dort Farnblätter aus, und während sie dies tat, sprach sie leise gegen die Augen ihres Bruders hin einen Zauberspruch. »Hi-waa!« flüsterte sie, so sanft, daß er es nicht hören konnte. »Dein Schlaf sei schwer und fest. Hi-wa-aa-hi-waa!«

Als Makikirèn zu seinem Lager am Felsen ging, fielen ihm schon fast die Augen zu, und sobald sein Atem gleichmäßig und schwer ging, schlich sich Ishanihura aus ihrer Rindenhütte zu ihm hinüber, beugte sich über ihn und flüsterte ihm zu:

»Älterer Bruder, hier unter dem Felsen wirst du naß werden. Du kannst hier nicht schlafen. In meiner Hütte ist Platz genug. Komm zu mir, du bist dann näher am Feuer. Es ist wärmer dort.«

»Nein«, antwortete er schlaftrunken, »geh du nur in die Hütte. Ich schlafe hier.«

Ishanihura sagte nichts mehr. Sie wartete, bis das Feuer ganz niedergebrannt war und kein Licht mehr gab. Dann schlich sie sich noch einmal zu Makikirèns Lager. Mit tiefer Stimme sagte sie:

»Laß mich hier schlafen. Es regnet in meiner Hütte.«

Der Zauberspruch, den sie zuvor gemurmelt hatte, hielt ihren Bruder in tiefem Schlaf und ließ ihn willenlos alles tun, was sie sich wünschte.

Er rollte sich auf die Seite, so daß auch sie Platz fand auf dem Lager aus Farnblättern. Eine Weile lag sie regungslos neben ihm. Draußen war nur die Dunkelheit und das Geräusch des Regens, und hier war nur die Wärme ihrer beiden Körper.

Als Makikirèn die Arme einer Frau um seinen Leib spürte, begann er zu träumen. Im Traum sah er das Himmelsmädchen, das seine Geliebte war, an der Himmelsstange zur Erde herabgleiten, um mit ihm in dieser Nacht im Wald zu schlafen.

Und so kam es, daß sich Makikirèn immer tiefer verlor in seinen Traum, während Ishanihura mit ihrer Lust allein, hellwach, stark und lebendig war in dem nächtlichen Wald und in einer Welt, die von Dunkelheit und Schlaf erfüllt war und über die der Regen sich ausschüttete. Wieder und wieder verstand sie es so einzurichten, daß die Schlange aus Makikirèns Leib mächtig aufwuchs und züngelte, und der Blitzstrahl der Schlange ihren Leib traf. Unersättlich war Ishanihura in ihrer Freude und ihrer Lust, und jedesmal, wenn der Blitzstrahl sie durchzuckte, spottete sie dem Himmelsmädchen, das dieses Vergnügen vor ihr genossen haben mochte, und freute sich, daß in dieser Regennacht der Bruder nur ihr allein gehörte.

Als es hell wurde, hörte der Regen auf. Makikirèn erwachte

und entdeckte, daß er in den Armen einer Frau lag. Es hatte ihm geträumt, er läge auf dem Himmelsboden bei dem Himmelsmädchen. Nun erhob er sich, betrachtete die Frau und sah, daß es seine Schwester war, mit der er geschlafen hatte.
Er starrte sie fassungslos an, erinnerte sich an alles, was in dieser Nacht geschehen war, und Angst überkam ihn. Böses würde erwachsen aus dieser Nacht, das wußte er nur zu gut. Was sollte er tun? Im ersten Schreck wollte er fortrennen, aber er besann sich eines Besseren. Er beugte sich nieder und flüsterte gegen die Augenlider der Schlafenden hin:
»Hi-waa! Schlaf lange und erwache langsam! Hi-wa-aa!«
Dann schlüpfte er aus der Höhlung im Felsen und suchte draußen, bis er ein Stück altes Erlenholz fand, das, von Zweigen geschützt, trocken geblieben war. Es war ein mittelgroßer Stamm, aber schon so alt, daß er leicht und weich war. Er preßte den Stamm an sich, bis er etwas von der Wärme seines Körpers angenommen hatte, trug ihn dann zu der Höhlung und legte ihn Ishanihura in die Arme.
Wieder draußen im Wald, dachte er nach. Er erinnerte sich, daß seine Schwester zu jenen Menschen gehört, von denen man sagt, daß sie ihr Herz an der Ferse tragen, womit gemeint ist, daß bei solchen Menschen selbst eine kleine Wunde zwischen Knöchel und Ferse tödliche Folgen hat. Sollte er sie töten, während sie schlief? Niemand würde etwas davon erfahren. Mit ihrem Tod würde auch das Böse sterben, das in dieser Nacht geschehen war. Aber dann brachte er diesen Mord doch nicht übers Herz, denn er sagte sich, was immer auch an Bösem geschehen ist, sie muß mich sehr geliebt haben. Also ging er eilig fort, zurück gegen Osten zu dem erdgedeckten Haus, in dem seine Eltern und seine Brüder lebten.
Es war noch nicht Mittag, da hörte der Vater draußen Schritte, die ihm bekannt vorkamen. Er trat aus dem Haus, und vor ihm stand Makikirèn.
»Wo ist deine Schwester?«
»Dort im Wald, wo wir gerastet haben. Sie wird auch heimkommen. Ich habe sie dort zurückgelassen, wo wir übernachteten.«
»Aber . . . warum?«
»Sie liebt mich, wie eine Frau einen Mann liebt . . . heute nacht in der Dunkelheit hat sie das Lager mit mir geteilt. Ich konnte nicht aufwachen. Ich habe geträumt . . . mir träumte, es sei jemand anderes. Und dann war es hell, und ich ging fort, ich rannte fort . . .«
»Ach!« Der Vater sah aus wie ein sehr alter Mann. Er setzte sich auf einen Stein.
»Ich habe Angst!« sagte Makikirèn. »Ich weiß nicht, was sie jetzt tun wird.«

»Sie hat keinen Verstand. Großes Unglück wird über uns kommen.«

»Was können wir tun, Vater?«

»Ich weiß es nicht. Ich weiß nur, daß ich euch alle von hier fortbringen muß ... fort von ihr.« Die Mutter war aus dem Haus gekommen, und er wandte sich an sie: »Bist du anderer Meinung, mein Weib? Du kennst die Gebote?«

»Ich kenne die Gebote.« Die Mutter bedeckte ihr Gesicht mit den Händen.

»Dann ist es entschieden. Aber wohin sollen wir gehen?«

»Ich werde euch hinauf in den Himmel führen«, sagte Makikirèn. Die Kinder hatten sich nun um die Mutter geschart und riefen:

»O ja, laßt uns aufbrechen. Unser älterer Bruder soll uns in den Himmel führen.«

»Kommt mit mir in den Himmel«, wiederholte Makikirèn. »Dort sind wir sicher, und die Himmelsleute werden uns bei sich wohnen lassen.«

Sein Vater sprach: »Wir werden hinauf in den Himmel wandern, sobald wir hier mit allem ein Ende gemacht haben.« Ohne ein weiteres Wort rissen der Vater und seine neun Söhne das Haus der Familie, das Männerhaus und Ishanihuras kleines Haus ein und legten Feuer an ihre ganze Habe.

Ishanihura schlief unterdessen weiter und weiter in der Höhlung im Felsen. Als der Zauber schließlich seine Kraft verlor, lag sie halb schlafend, halb wachend da und dachte daran, was in der letzten Nacht geschehen war. Sie glaubte fest, daß Makikirèn sie liebe. In ihrer Schlaftrunkenheit meinte sie seine Arme um ihre Schultern zu spüren, und sie bildete sich auch ein, es sei sein Körper, der da so schwer auf ihr liege. Sie streckte sich und etwas Schweres rollte zur Seite. Sie schlug die Augen auf. Da sah sie, daß sie den gegabelten Stamm eines Baumes in den Armen gehalten hatte. Sie sprang auf und rief »O-O-O!« Weinend lief sie zu der Feuerstelle, und dort zerzauste sie sich ihr Haar und begann einen seltsamen Tanz, bei dem sie schrie:

»O-O! Ich werde dich töten ... ich werde dich töten! Ich lasse mich nicht betrügen. Ich werde dich töten ... dich töten ... töten.« Sie sah die frischen Fußspuren, die von dem Feuer nach Osten führten. »Ah, du willst deine Brüder warnen«, schrie sie wieder, »aber ich werde dich finden.« Und weinend und rufend, lief sie den Pfad zurück, auf dem sie am letzten Tag gegen Westen gezogen waren.

Auf der Lichtung im Osten rief Makikirèn seinen Verwandten zu: »Kommt. Es bleibt uns nicht mehr viel Zeit. Ich höre in der Ferne die Schritte meiner Schwester, und sie ruft nach mir. Wir wollen rasch fortgehen.« Makikirèn führte den Zug an, und als letzter ging sein Vater, der ihre Fußspuren verwischte, damit

niemand sehen konnte, wohin sie gingen. Makikirèn führte sie zu der Himmelsstange. Mächtig und gerade stand sie unter den Bäumen unterhalb des Teiches.

»Laßt mich zuerst hinaufklettern, aber bleibt dicht hinter mir«, sagte er, »und ihr dürft nicht nach unten sehen, sonst werdet ihr schwindlig und stürzt ab. Blickt hinauf zum Himmelsboden, und es wird euch nichts geschehen. Fertig?«

»Ja, ja. Klettern wir in den Himmel!« Die Jungen waren ungeduldig.

»Komm du als nächste hinter mir, Mutter. Setze deine Füße dorthin, wo auch ich meine Füße hingesetzt habe. Und ihr Jungen und du Vater, ihr macht es ebenso, dann werden wir bald im Himmel sein.«

Makikirèn begann zu klettern, langsam und vorsichtig. Seine Mutter folgte nach. Sie hielt sich dort fest, wo auch er sich festgehalten hatte. Und hinter ihr kamen die übrigen acht Söhne und zum Schluß der Vater. Der Himmelsboden war nicht mehr weit, und Makikirèn konnte schon die Öffnung im Himmel sehen, als das Geräusch, das rennende Fußsohlen machen, unter ihnen näher kam. Ishanihura war heimgekommen.

Sie hielt inne vor den verkohlten Trümmern der drei Hütten. Die Bäume, rund um die Quelle, brannten, und das Feuer breitete sich gegen den Teich hin aus.

Während ihres Heimwegs hatte Ishanihura Zorn und Haß empfunden, aber nun, da sie auf die Trümmer starrte, überkam sie Angst und Schrecken. Wo waren Vater, Mutter und ihre Brüder? Wohin konnten sie gegangen sein? Nicht eine Fußspur ließ sich entdecken. Waren sie im Feuer umgekommen? Sie nahm einen Stecken und stocherte in der Asche herum, und als die Funken flogen, verfolgte sie deren Weg durch die Luft. Sie stellte sich auf die Zehenspitzen, und da sah sie die Himmelsstange, wie sie gewaltig und gerade von der Erde in den Himmel ragte, und weit, weit oben an dem Mast sah sie Menschen klettern. Sie erkannte diese Menschen. Sie zählte; elf waren es, und eine Frau war darunter, ihre Mutter.

Das Feuer brannte rings um die Himmelsstange, so daß sich Ishanihura nicht dorthin wagte. Sie stand dicht bei den Flammen und rief ihrer Familie zu:

»O mein Vater – verlaß mich nicht. Ihr, meine kleinen Brüder, kommt doch zurück! Ich will mit dir kommen, älterer Bruder. Wartet auf mich! Wartet!«

Weit oben an der Stange sagte Makikirèn wieder und wieder: »Hört nicht auf sie ... schaut nicht herab. Wir haben es bald geschafft. Gleich sind wir in Sicherheit.«

Aber Ishanihuras Stimme drang wieder an das Ohr ihrer Mutter.

»O meine Mutter! Warum verläßt auch du mich?«

»Du hast recht, mein Kind, meine einzige Tochter, was tue ich da. Wie kann ich dich allein lassen?«
Dies sprach die Mutter, und sie sah herab zu Ishanihura. Mitleid überkam sie, und sie hörte nicht auf hinunterzuschauen, und schließlich vergaß sie sich festzuhalten, glitt aus und fiel. Im Fall riß sie ihren Mann und ihre acht Söhne mit. Makikirèn aber hatte unterdessen den Himmelsboden erreicht. Er wandte sich um und wollte der Mutter die Hand hinstrecken. Aber da war niemand. Doch unten, mitten im Feuer, sah er seine Brüder, seinen Vater und seine Mutter, und um den Flammenkreis tanzte schreiend seine Schwester.
Makikirèn wandte sich ab und lief in die Himmelswelt hinein mit Trauer und Bitternis im Herzen.
»Die Alten hatten recht«, sagte er zu sich, »ich hätte sie gleich zu Anfang töten sollen!«
Ishanihura umkreiste das Feuer und tanzte ihren seltsamen steifen Tanz. Wieder und wieder rief sie dabei im Rhythmus des Tanzes ihren Namen:
»Ishanihura! Ishanihura! I-shan-i-hu-ra!«
Das Feuer brannte nieder, und sie fand die verkohlten Leichen ihrer Familie — alle außer Makikirèn. Sie stocherte und scharrte in der Asche, bis sie ganz sicher war, daß er nicht mit verbrannt war. Dann nahm sie die Herzen ihrer Eltern und ihrer Brüder und fädelte sie wie Perlen auf eine Schnur und hängte sich diesen Schmuck um den Hals.
Das Feuer war ausgebrannt, und Ishanihura sah sich um. Wo einst Bäume und Häuser und ein Teich gewesen waren, sah man nun nur noch Öde und Leere. »Was soll ich tun? Wohin soll ich gehen?« murmelte sie, und nach einer Weile fiel ihr die Antwort ein: »Ich muß nach Norden gehen. Makikirèn wird im Norden sein. Ich werde ihn suchen, bis ich ihn finde. Und dann werde ich auch ihm das Herz nehmen!«
Und Ishanihura, mit ihrer Kette aus Herzen um den Hals, wanderte nach Norden.
Viele Winter kamen und gingen. Makikirèn heiratete sein Himmelsmädchen und kam mit ihm auf die Erde zurück, wo sie sich nahe einem See weit im Osten seiner alten Heimat ein Haus bauten. Sie hatten zwei Söhne, und sie waren eine glückliche Familie.
Von Zeit zu Zeit ging Makikirèn nach Norden, um zu jagen oder um nach Schätzen zu suchen. Manchmal hörte er in den Wäldern einen seltsamen, unheimlichen Schrei. Die Leute sagten, das sei die Taucherfrau, die einmal auf diesem, einmal auf jenem See lebe. Ein Fischer wollte sie gesehen haben. Er sagte, sie sei dünn und habe den Blick einer Wahnsinnigen, und um den Hals trage sie eine Kette mit Herzen. Die Leute hatten Angst vor ihr, und die meisten liefen fort, ehe sie nahe herankommen

und mit ihnen sprechen konnte. Makikirèn dachte über sie nach – dieser Schrei kam ihm vertraut vor.

Am Abend eines Frühlingstages kamen Makikirèns Söhne heimgelaufen. Sie schienen verängstigt, und der Vater befragte den Älteren, was geschehen sei. Sie hatten am Ufer des Sees gespielt halb verborgen vom Schilf, das dort wuchs. Die Taucherfrau war aus dem Wald gekommen und zu einem sandigen Stück des Strandes gelaufen. Um den Hals trug sie eine Kette, die auf und nieder tanzte, während sie sich bewegte. Sie setzte sich dort nieder, wo sie ihr Spiegelbild im Wasser sehen konnte. Dann drehte sie den Kopf, schlug mit den Armen und begann mit schriller Stimme zu singen. Die Jungen hatten nicht verstanden, was sie da sang, aber sie sagten, es habe geklungen wie »I-sha-ni . . .«

»Was hat sie noch gesagt?« fragte Makikirèn seine Söhne.

»Als sie sah, daß wir sie beobachteten, hörte sie auf zu singen und starrte vor sich hin, und dann sagte sie ›A-ah-h‹ und ›Ihr seid Makikirèns Söhne‹. ›Ja, das sind wir, aber woher weißt du das?‹ ›Weil ich eure Tante bin und ich euren Vater seit langer, langer Zeit suche. Bringt mich zu eurem Vater‹, schrie sie. Da bekamen wir es mit der Angst zu tun und rannten fort. Sie versuchte, uns zu fangen, aber wir entwischten ihr. Wir haben Angst vor ihr. Sag, Vater, warum hat sie gesagt, sie sei unsere Tante. Ist sie wirklich unsere Tante?«

»Ich weiß es nicht«, antwortete Makikirèn, »aber ihr habt ganz recht getan. Bleibt hier daheim bei eurer Mutter, bis ich die Taucherfrau gefunden habe.«

Makikirèn ging kurz vor Tagesanbruch zum See. Er verbarg sich im Schilf an einer Stelle, von der aus er das Ufer des Sees überschauen konnte. Als die Sonne aufging, kam die Taucherfrau von ihrem Schlafplatz im Wald an den See. Sie sah sich um und horchte, aber sie hörte nichts, und nichts regte sich, sie schien allein zu sein. Makikirèn sah, wie sie mit ihrem steifen Tanz begann und dabei die Kette durch die Finger gleiten ließ. Er konnte sie genau beobachten, und er war sich sicher, daß es seine Schwester Ishanihura war und daß sie an ihrer Kette die Herzen seines Vaters, seiner Mutter und seiner Brüder trug. Makikirèn erhob seinen Bogen und zielte. In diesem Augenblick erkannte Ishanihura den Bruder und hob die Hand, aber es war zu spät. Der Pfeil traf sie zwischen Fußknöchel und Ferse, sie stürzte vornüber ins Wasser, und als sie wieder an die Oberfläche kam, war sie tot. Makikirèn zog die Leiche an Land, da kamen die beiden Söhne angelaufen. »Habe ich euch nicht gesagt, ihr sollt zu Haus auf mich warten?«

»Unsere Mutter hat gesagt, wir dürften jetzt gehen. Sie meinte, wir könnten dir vielleicht helfen.«

»Wenn sie es gesagt hat, dann dürft ihr mir helfen.«

»Das ist die Frau, die wir sahen.«
»Ihr habt sie gut beschrieben.«
»Ist sie eine Taucherfrau?«
»Ja.«
»Und war sie unsere Tante?«
»Sie war meine Schwester.«
»Warum hast du sie getötet?«
»Weil sie Böses tat und wieder getan hätte. Ich werde euch davon erzählen, wenn ihr alt genug seid, um im Männerhaus zu schlafen.«
»Was ist das für eine häßliche Kette, die sie trägt? Die Perlen sehen aus wie getrocknete Herzen!«
»Es sind getrocknete Herzen.« Makikirèn zählte sie. Es waren zehn. Er nahm die Kette und umwickelte sie sorgfältig mit sauberer Borke.
»Sollten wir nicht unsere Tante begraben?«
»Ja, auf der Stelle hier im Wald.«
Die Knaben halfen, Ishanihuras Leiche weit in den Wald hinein zu tragen, und dort, wo niemand hinkommt, wenn er Beeren und Samen sammelt, brachten sie sie unter die Erde. Als dies getan war, begrub Makikirèn die Herzen auf dem kleinen Friedhof neben seinem Haus, wo auch er und seine Frau einmal ruhen würden. Er führte für sich und die Knaben das Reinigungsritual durch, und danach blieb er lange im Schwitzhaus und betete. Und während dieser Zeit des Gebets bestimmte Makikirèn, daß der Tauchervogel seine Kinder und Kindeskinder immer an die Taucherfrau erinnern sollte.
Und deswegen schießen noch heute die Jäger den Taucher, wenn sie ihn bei seinem verrückten Tanz überraschen und seinen wahnsinnigen Schrei hören. Sie denken an Ishanihura und schützen ihr Volk vor dem Bösen, wie es Makikirèns Wille war.

Nenem

Das Haus Pekwoi steht in dem Dorf Kotep, nahe dem Mittelpunkt der Welt. Und es ist Sitte unter den Leuten vom Fluß, wenn sie reich sind, ihren Häusern ihre Namen zu geben.
Nun muß man wissen, daß die Häuser mit Namen in dieser Schlucht alle hoch über dem Fluß liegen und in einer Reihe stehen, während die Häuser weiter unten am Abhang keine Namen haben und auf dem Boden der Schlucht die Hütten der Armen stehen.
Von der sonnigen Terrasse des Hauses Pekwoi kann man weit flußaufwärts und flußabwärts blicken. Die runden Türrahmen des Hauses sind schön geschnitzt, und die Bretter der Wände und des Daches sind aus Rotholz.

Vor langer, langer Zeit, denn das Haus Pekwoi ist alt, brannte drinnen Tag und Nacht Feuer in der Grube, und auf den Regalen an den vier Wänden standen Kästen mit Schätzen und große Körbe mit Früchten aus dem Meer, aus dem Fluß, von Busch und Baum, frische und getrocknete. Nahe dem Feuer lagen Decken aus Rehfellen, auf denen es sich bequem saß und unter denen man warm schlief. So sah es im Hause Pekwoi aus, als Nenem, ihre Eltern und ihre Großeltern dort lebten. Nenem und ihre stolze und reiche Familie waren bei jedermann flußaufwärts und flußabwärts geachtet. Kein Tanz fand statt, bei dem die Stirnbänder aus Wolfsfell und die Schürzen aus Zibetkatzenfell aus dem Haus Pekwoi nicht dabeigewesen wären.

Nenem war ein schönes Mädchen. Ihr schweres Haar teilte sich in der Mitte des Kopfes, wurde von einem Fellband gehalten und fiel gerade und glänzend über ihre Schultern und Brüste. Ohrringe aus polierten Muschelschalen rahmten ihr Gesicht ein. Ihre Augen waren lang und schmal geschnitten, mit halbmondförmigen Brauen, und ihr Mund war sanft. Sie war klein und ging mit einem leichten, stolzen Schritt, und dabei klirrten die Muschelketten an ihrem Hals und die schweren polierten Anhänger aus Muscheln und Obsidian an den Fransen ihres Lederhemds.

Ihr Vater versprach sich einen hohen Brautpreis, wenn Nenem heiraten würde, und es schien ihm selbstverständlich, daß sie ihre Wahl unter den Söhnen der reichen und mächtigen Familien treffen werde. Aber, wie es immer so geht, es kam ganz anders. Nenem verliebte sich in einen jungen Mann aus dem Dorf, den Sohn einer verwitweten und verarmten Mutter, arm und ohne Familie. Er und seine Mutter lebten in einem armseligen Schuppen unten am Flußufer. Sie waren so arm und so unwissend, daß der Name des jungen Mannes nicht überliefert ist.

Nenems Geliebter muß aber ein hübscher junger Mann gewesen sein, denn das Mädchen dachte nicht daran, sich ihn aus dem Kopf zu schlagen, im Gegenteil, sie liebte ihn, ohne auf die Stimme ihrer Vernunft zu hören. Und als sie spürte, daß sie von ihm schwanger war, gingen er und sie zu ihrer Familie und erklärten, sie wünschten Mann und Frau zu werden. Nenems Eltern erschraken zuerst, dann wurden sie zornig. Der junge Mann nannte einen Brautpreis, der einer Beleidigung gleichkam.

Er wußte das, und er sagte zu Nenems Vater: »Es ist mein Wunsch, deine Tochter zu heiraten, ich will für sie dienen und mich ihrer würdig erweisen. Ich will, wenn dir das recht ist, für sie arbeiten und alles tun, was du von mir verlangst, um dir ein guter Sohn zu sein. Wenn du sie mir aber nicht geben willst . . . hier bin ich . . . töte mich. Du hast das Recht dazu.«

Der Vater aber war zu stolz, jemanden zu töten, der so tief unter ihm stand.

»Dann nimm mich als deinen Sklaven, tu mit mir, was du willst«, sagte der junge Mann.
Aber dem Vater war es unerträglich, den armen Jungen als den Liebhaber seiner Tochter zu sehen. Er wollte ihn nicht vor Augen haben als ständige Erinnerung an die Schande, weder im Pekwoi-Haus noch im Dorf Kotep. Nenem durfte das Pekwoi-Haus nicht verlassen. Ihr Geliebter, ohne Geld und ohne mächtige Freunde, war hilflos. In seiner Verzweiflung verließ er das Dorf und war verloren für Nenem und seine Mutter. Weder die beiden Frauen noch sonst irgend jemand hörte je wieder etwas von ihm. In Kotep lief das Gerücht um, er sei in den einsamen Hügeln jenseits des Flusses ermordet worden.
Als ihr Liebhaber verschwunden war, richtete sich der ganze Zorn der Eltern gegen Nenem. In ihrem verletzten Stolz jagten sie ihre Tochter aus dem Haus und stießen Nenem aus ihrer Familie aus.
Die Mutter ihres Geliebten, die alte Frau Hunè, nahm das Mädchen in ihrer schäbigen Hütte auf. Dort sorgte sie für Nenem. Sie tröstete sie und liebte sie, als sei sie die eigene Tochter, und nach einigen Monden gebar Nenem einen Sohn, dem war Hunè Mutter und Hebamme zugleich.
Nenem nannte den Sohn Toàn. Er war ein kräftiges, glückliches Kind. Hunè sorgte für ihn und seine Mutter, und sie erlebte noch die Freude, mit anzusehen, wie der Junge seine ersten Schritte machte, und mit anzuhören, wie er die ersten Worte zu sprechen begann. Die Monde kamen und gingen. Toàns Beine streckten sich, und überall, wohin seine Großmutter ging, lief er mit.
Aus dem Fluß holten sie Lachse, im Wald sammelten sie eßbare Eicheln. Im späten Frühjahr und zeitigen Sommer pflückten Hunè und Nenem an den sonnigen Berghängen Gräser, aus denen sie Hüte flochten und Körbe. Sie gingen sauber gekleidet in Hemden und Schürzen aus frischer Borke. Sie stellten Schlingen, und im Winter deckten sie sich mit Kaninchenfellen zu.
Da kein Mann zur Stelle war, wurde Hunès Behausung mehr und mehr ein Flickwerk aus alten Planken, die die Frauen erneuerten, wenn Nenem am Fluß ein angetriebenes Brett oder ein zerschelltes Kanu fand. Am Mittag brannte jetzt die Sonne durch die Ritzen im Dach.
Hunè erlebte noch eine Zeremonie der Welterneuerung mit, dann, ehe der Frühling kam, starb sie. Trauer und Einsamkeit kam über Nenem, und ihr Leben lang behielt sie die alte Frau lieb.
Der Sommer, der auf Hunès Tod folgte, verlief ereignislos, und wieder wurde es Zeit zur Zeremonie der Welterneuerung. Der Tanz fand flußaufwärts von Kotep statt, und jeder aus dem Dorf kam zu diesem Fest, zu Fuß oder mit einem Boot. Nur Nenem und Toàn blieben daheim. Nenem suchte eßbare Eicheln

am Fluß, und als einige Boote vorbeikamen, erkannten sie die Leute, und ihre Stimmen drangen über das Wasser: »Nenem, Nenem! Komm mit uns – wir haben noch viel Platz im Boot.«
»Danke . . . ich kann nicht gehen . . . ich habe nicht das rechte Kleid an, um zu einer Zeremonie zu gehen«, antwortete Nenem.
Einer, der sie gut kannte, rief zurück:
»Aber Nenem! Du wirst doch nicht vom Tanz fortbleiben.«
Nenem zögerte. Sie wollte nicht zugeben, daß sie vorgehabt hatte, daheim zu bleiben. Also antwortete sie:
»Ich komme später nach. Ihr braucht nicht auf mich zu warten. Ich komme schon noch. Zum Schlußtanz werde ich dort sein!«
Ihre Freunde in den Booten fuhren weiter, denn offenbar wollte sie es nicht anders. Nenem aber, da sie nun versprochen hatte, zum Tanz zu kommen, ging heim, kleidete sich und Toàn so an, wie es sich für eine Zeremonie gehört, nahm etwas Proviant mit und machte sich dann flußaufwärts auf den Weg.
Wie sie versprochen hatte, kam sie zum Schlußtanz noch zurecht. Alle waren da. Es war Abend; die Feuer brannten und beleuchteten die Gesichter der Tänzer und Zuschauer. Vier Gruppen tanzten.
Die Zuschauer hatten nach einer bestimmten Ordnung Platz genommen. Den Tänzern am nächsten, auf der rechten Seite, saßen die Männer aus den reichen Familien, auf der linken Seite deren Frauen. Die armen Leute standen hinten, auch sie nach Geschlechtern geschieden, rechts die Männer, links die Frauen. Nenem trat zu der Gruppe der armen Frauen. Vorn rückten die Frauen zusammen und machten Nenem ein Zeichen, sie solle sich mit ihrem Sohn zwischen sie setzen. Alle begrüßten sie, alle erwiesen ihr die Ehre, die einer Tochter aus einer sehr reichen Familie gebührt.
Nur Nenems Blutsverwandte nahmen von alledem keine Notiz.
Nenem wußte nicht, wie sie die Aufmerksamkeiten, die ihr zuteil wurden, abwehren sollte. Sie war sehr aufgeregt, und als sie dann an einer der Stangen, die die Tänzer trugen, das weiße Rehfell des Pekwoi-Hauses sah, hielt sie es nicht länger aus. Das schlafende Kind auf den Armen, stahl sie sich fort. Ihre Freunde bemerkten nicht gleich, daß sie gegangen war. Keiner sah sie den Pfad zum Dorf zurückschleichen, Toàn in den Armen und bitterlich weinend.
Nenem kannte alle Wege am Fluß bis hinauf zum Atsìpul Creek, wo der Pfad sich gabelt. Sie schlug den Weg ein, der durch die Hügel verläuft und oberhalb von Kotep wieder auf den Flußpfad stößt. Es ist ein beschwerlicher und steiler Weg. Nenem wählte ihn, weil man dort wenig Menschen trifft und die großen Dörfer am Fluß unten umgeht. Niemand sollte sie so traurig sehen.
Toàn erwachte. Er merkte, daß seine Mutter weinte. Es war

eine klare Nacht, und der Mond schien hell. Nenem setzte Toàn zu Boden und ließ ihn laufen, und so wanderten Mutter und Kind durch das Gebirge zum Fischsee. Als sie dort ankamen, war Nenem sehr müde geworden. Sie bereitete für ihren Sohn und für sich selbst ein Lager, und beide schliefen in dieser Nacht am Ufer des Sees.

In einer Welt, die sich im Gleichgewicht befindet, hebt und senkt sich die flache Erde, weil sie auf dem unterirdischen Ozean ruht, aber meist ist diese Bewegung kaum wahrnehmbar und richtet keinen Schaden an. Die Medizinmänner wissen dieses Gleichgewicht zu erhalten, und die Menschen, die an dem Tanz der Erneuerung teilnehmen, müssen mit ihren Füßen hart und fest auf den Boden stampfen. Wenn sie dabei nachlässig sind, hebt sich die Erde mehr als nur ein wenig, und dann entstehen seltsame und schreckliche Veränderungen. Eine solche Katastrophe hatte sich in der Zeit von Nenems Großeltern ereignet, und ihr unglücklicher Vater führte all seinen Kummer auf dieses Ereignis zurück.

Das war die Zeit gewesen, als die Erde sich so weit hob, daß der unterirdische Ozean über die Ufer trat, alle Flüsse sich füllten, das Wasser bis über den Rand der Schlucht lief und viele Fische und anderes Meeresgetier bis zum Mittelpunkt der Welt gespült wurden — viel weiter als irgendwann je zuvor.

Mit Gebeten, Tänzen und Zauber war das Gleichgewicht mit der Zeit wiederhergestellt worden. Das Wasser war wieder abgeflossen, und auch die Tiere hatte es mit sich fortgetragen, außer einem jungen weiblichen Wal, den es in den Fischsee getragen hatte, wo er liegenblieb.

Ninawa, die Walin, hatte dort lange Zeit gelegen und sich kaum rühren können, denn ihr Körper reichte von einem Ende des Sees bis zum anderen, und wenn sie mit ihrer Schwanzflosse schlug, wie das Wale zu tun pflegen, flog der Schlamm weithin auf die Wiesen am Ufer. Sie war ruhig in dieser Nacht, da Nenem und Toàn am See schliefen. Sie hörte Nenems Weinen. Und sie hörte auch, was Nenem sprach. Dann wußte Ninawa, warum Nenem weinte, und sie war froh, daß sie der Ozean hierher getragen hatte. Ninawa war kein gewöhnlicher Wal. Sie besaß große Macht, sie nahm Anteil an allen Leiden der Menschen, aber besonders rührte sie Nenems Klagen, denn Ninawa war ein Bastard wie Toàn.

Ninawa wagte nicht, sich zu bewegen, weil sie Nenem und Toàn nicht erschrecken wollte, und sie hatte beschlossen, ihnen zu helfen. Sie lag still da und versuchte alles, um möglichst wie ein Baumstamm auszusehen, der quer über den See gefallen ist, und dabei dachte und hoffte sie immer nur eines: Toàn möge kommen und auf ihren Rücken klettern, denn auch nur eine ganz kurze Berührung würde ihm große Kraft verleihen.

Nenem wäre wohl dem Kewet-Pfad um den See herum gefolgt, hätte Toàn sie nicht davon abgehalten. Der Junge hatte den ganzen Morgen am Ufer gespielt, und nun wagte er sich etwas weiter ins Wasser hinein und noch etwas weiter, bis es zu tief wurde, um noch zu waten. Und da war Ninawa bei ihm ... etwas Festes und Hartes, das dazu herausforderte, hinaufzuklettern. Toàn kletterte hinauf, und als Nenem nach ihm Ausschau hielt, stand er auf etwas, das durch die Tränen hindurch wie ein gewaltiger alter Baumstamm aussah, der dalag und den See überbrückte. Nenem hatte Angst. Wie leicht konnte Toàn ausrutschen oder stolpern! Aber sie war klug genug, nicht zu schreien, denn das hätte ihn erschreckt. Sie watete nur in den See hinaus, wie es der Junge auch getan hatte, und stieg auf Ninawas Rükken, und dort folgte sie dem Kind, so schnell sie konnte. Wenn Toàn ein Unglück zustieß, wollte sie sterben. Aber nichts geschah. Der Junge rannte vor ihr her, und als sie an das Ende dessen gelangten, was in ihren Augen ein langer Holzstamm war, sprangen sie herab, wateten ans Ufer und schlugen den Weg zum Kewet-Gebirge ein.

Ninawa hatte ganz still gelegen, als Toàn sie berührt hatte, und sie zitterte, als er von ihrem Rücken sprang. Nach vielen Monden würde Toàn daran erinnert werden, aber jetzt dachten er und seine Mutter nicht weiter darüber nach.

Nenem war niemals zuvor so weit ins Land hineingekommen. Es war ein langer Weg, und als sie um das Kewet-Gebirge herumgingen, mußte sie Toàn meist tragen. Erleichtert war sie, als sie endlich den Fluß erblickten und sie sicher war, daß sie sich nicht verlaufen hatten.

Es war schon dunkel, als Toàn und sie daheim ankamen. Sie aßen ein kaltes Essen und gingen zu Bett, ohne noch einmal Feuer anzuzünden.

Sobald die Nachbarn am Morgen Rauch aus dem Kamin aufsteigen sahen, kamen sie herbei, um nachzusehen, ob Nenem und Toàn gesund und munter seien. Immerhin hatte sie niemand mehr in Kotep oder in einem der anderen Dörfer am Fluß gesehen. Zwei Nächte lag das Tanzfest zurück. Da konnte man sich schon Sorgen machen. Aber sie drängten Nenem nicht zum Reden. Sie sahen, daß sie immer noch den Tränen nahe war. Aber ihr Kummer schwand. Sie wußte, sie war heimgekommen zu Freunden.

Nenem und Toàn hatten noch einen anderen Freund: Nenems Großvater, Toàns Urgroßvater. Es ist nicht die Art der Alten, wenn sie klug sind, ihre Stimme gegen Entscheidungen zu erheben, die in einer Familie einmal gefällt worden sind. Und dieser Großvater war klug. Er beobachtete Nenem und Toàn und wartete.

Der Tag kam, an dem der Urgroßvater seine Werkzeuge nahm,

Holz zum Schnitzen und sich nahe von Hunès Haus dort hinsetzte, wo Toàn zu spielen pflegte. Neugierig und interessiert kam Toàn heran, setzte sich neben den alten Mann und sah ihm beim Schnitzen zu. Der Urgroßvater schien ein Boot zu machen. Er erklärte, das sei kein Boot, sondern eine Schachtel, eine Schachtel mit einem Hohlraum innen und einem Deckel. Toàn wollte auch so eine Schachtel schnitzen. Unter der Anleitung des Urgroßvaters gelang es. Spät am Nachmittag war Toàns Schachtel fertig. Der Urgroßvater schlug vor, der Junge solle bunte Federn sammeln und diese in der Schachtel aufheben. Bald hatte Toàn eine ganze Schachtel voller Federn, und er und der Urgroßvater mußten eine größere Schachtel schnitzen. Und dann machte der alte Mann dem Knaben einen Bogen und Pfeile und lehrte ihn schießen und jagen.

Als Toàn älter wurde und allein jagen ging, brachte er seinem Urgroßvater zuerst kleine Vögel und dann größere Vögel und schließlich auch immer öfter einen rotköpfigen Specht. Und zusammen nahmen sie den Vögeln die Federn und säuberten die Häute und schlossen sie in Kästen fort. Und wenn es nötig wurde, machten sie neue Kästen, immer größere und schönere, und füllten sie mit ihren Schätzen. Manchmal jagte Toàn im Kewet-Gebirge, und er kam dabei bis zum Fischsee. Immer, wenn er den See sah, fragte er sich, was wohl aus dem großen Baumstamm geworden sei, auf dem er mit seiner Mutter herumgeklettert war. Doch der Baumstamm war nicht mehr zu sehen. Er dachte daran, wie der Stamm gezittert hatte und daß er an diesem Tag zum erstenmal wahrgenommen hatte, daß Menschen weinen können.

Alles tat der Urgroßvater für Toàn, ohne jemals seine Stimme gegen seinen Sohn und seine Schwiegertochter im Pekwoi-Haus zu erheben.

Der Urgroßvater starb, als Toàn gerade erwachsen wurde. Er ließ einen Urenkel zurück, der sich um seine Zukunft keine Sorgen zu machen brauchte, denn in Hunès Haus standen jetzt viele Kästen und Kisten, gefüllt mit der Beute des erfahrenen jungen Jägers.

Der Urgroßvater war tot. Es gab ein Begräbnis, die Trauerzeit begann. Toàn ging allein zum Fischsee. Er legte sich am Ufer nieder und schlief ein. Und im Schlaf träumte er.

Ninawa kam zu ihm im Traum und erzählte ihm viele Dinge. Sie erzählte ihm, daß sie Ninawa, der Inland-Wal, sei, daß sie der Holzstamm gewesen sei, auf dem er und seine Mutter über den See gelaufen waren, und daß danach die Geister gekommen und sie in einen anderen See getragen hätten. Sie sagte ihm nicht, wo dieser See liegt, sie erzählte nur, er liege weit landeinwärts und sei so groß, daß sich ein Wal darin bequem bewegen könne.

»Toàn«, sagte Ninawa weiter, »du sollst wissen, daß die Wintermonde uneheliche Kinder sind . . . Bastarde wie du und ich. Ich habe zugehört, wie deine Mutter eine ganze Nacht weinte, als du noch zu jung warst, um zu verstehen, was ihr Kummer machte. Da beschloß ich, dir zu helfen. Ich erinnerte mich daran, daß es die Wintermonde sind, die Regen und Kraft für die Erde bringen, und ich beschloß, daß du so stark werden solltest wie die Wintermonde. Du kamst zu mir, und als du mich berührtest, zitterte ich. Kannst du dich daran noch erinnern, Toàn? Das geschah, weil ich so sehr danach verlangte, du solltest kommen, und fürchtete, meine riesige Gestalt könne dich abschrecken. Aber du hattest keine Angst, und du stiegst auf meinen Rücken. Kannst du dich daran noch erinnern, Toàn? Hier im Fischsee geschah es. Du liefst von meinem Schwanz bis zu meinem Kopf, und während du liefst, gab ich dir Kraft und Stärke. Du wirst weiter Glück haben. Du wirst ein guter Mann werden, ein großer Jäger, mit vielen Schätzen und großem Reichtum, und man wird sich deiner erinnern als einer der größten Söhne aus dem Hause Pekwoi.
Denk an all das, was dich dein Urgroßvater lehrte. Ruf die Wintermonde an, wenn du betest. Und vergiß nie, daß du einst über Ninawas Rücken gelaufen bist.«
Dies sagte Ninawa zu Toàn.
Und als Toàn Stunden später erwachte, war Ninawa nicht mehr da. Er lag ruhig da und erinnerte sich an ihre Worte und behielt sie sein ganzes Leben im Gedächtnis.
Nenem lehrte Toàn die Worte, die man bei der Begrüßung und beim Abschied sagt, sie zeigte ihm, wie man den Elchhornlöffel hält, wenn man ißt, wie man die Hände hinlegt und seinen Körper aufrichtet, wie man spricht und die Stimme verändert — all die komplizierten Regeln, an die sich ein junger Mann aus vornehmer Familie halten muß. Er lernte von ihr auch die Höflichkeit, die Freundlichkeit und Aufgeschlossenheit der Vornehmen. Und noch eines brachte Nenem Toàn bei, ehe er alt genug war, um ins Schwitzhaus zu gehen: die strengen Verhaltensformen eines stolzen Hauses. Toàn lernte zeitiger als andere Jungen, zu fasten, sich zu reinigen und seinen Zorn, seine Gier und überschwengliche Gefühle aller Art zu beherrschen.
Später wurde er im Schwitzhaus erzogen. Er ging weit in die Wälder, um Holz für die Zeremonien zu sammeln, er betete lange in den Bergen, er hielt die Gebote des Fastens, der Keuschheit und der Reinigung ein, die für die Jäger gelten. Wenn er fastete und betete, rief er seinen Urgroßvater und die Wintermonde an, wie Ninawa es ihm aufgetragen hatte.
Toàn war kaum erwachsen geworden, da konnte er aus seinen überquellenden Schatztruhen schon einen Rehfelltanz stromaufwärts und einen Springtanz stromabwärts gleichzeitig ausrüsten.

Eine solche Anhäufung von Reichtümern hatte man bei einem jungen Mann seines Alters am Fluß noch nicht erlebt. Und dies war um so bemerkenswerter, weil er ja nicht die Macht und den Reichtum des Pekwoi-Hauses hinter sich hatte. Ninawa hatte ihm mehr als das gegeben, was ihm von Pekwoi vorenthalten worden war.

Ninawas Macht lenkte seine Pfeile weithin und sicher, aber Toàn war auch ein unermüdlicher Jäger. Kein Vogel, kein Tier des Waldes entging ihm. Immer war er unterwegs.

Es war Ninawas Macht, die den Ruf von dem großen Jäger, der viele Felle und Federn zu verkaufen hatte, überall hindringen ließ. Sie brachte Leute, die Geld hatten oder Obsidian und Feuerstein tauschen wollten, in sein Haus. Aber diese Käufer und Händler kamen auch immer wieder, und sie waren zufrieden mit der Ware, die Toàn ihnen überließ. So füllte der junge Mann eine große Kiste mit kostbaren langen Schnüren voller Muschelgeld. Schließlich konnte Toàn es sich leisten, einen geschickten alten Handwerker aus Kotep anzustellen, der all die Federn, Felle, Häute, das Elfenbein und die anderen Materialien verarbeitete, und Toàn selbst blieb nun noch mehr Zeit für seine Jagdexpeditionen, von denen er außer Vögeln und Wild auch kostbare Steine und Muscheln heimbrachte.

Unterdessen starb im Pekwoi-Haus Nenems Vater, der letzte Mann der alten Generation.

Die jungen Männer, Nenems Brüder und deren beide Söhne, kamen mit all ihren Dienern nach Kotep in Hunès Haus. Der älteste Onkel machte den Sprecher, im Namen der ganzen Verwandtschaft lud er Toàn ein, nach Pekwoi zu kommen und dort als Familienoberhaupt Wohnung zu beziehen. Toàn wandte sich an seine Mutter. »Was soll ich tun, Mutter?« fragte er. »Wie willst du, daß ich mich entscheide?«

»Du solltest gehen, Toàn. Ich will, daß du gehst«, antwortete Nenem.

So geschah es, daß Toàn in das Haus Pekwoi zog, und die Menschen in Kotep und in den anderen Dörfern fanden, daß es recht sei so. Sehr weit fort, in einem Teich, der die Form eines Bootes hatte und von Eichenbäumen umstanden war, schlug ein weiblicher Wal mit der Schwanzflosse. Und Nenem blickte den steilen Abhang der Schlucht empor, zu dem Platz, auf dem Pekwoi stand. Sie sah die runden geschnitzten Türen, die die Sonne einließen, und sie lächelte dankbar.

Die Kisten mit Schätzen und Geld nahm Toàn nach Pekwoi mit. Aber Nenem folgte dem Sohn nicht in das Haus ihrer Familie. Ihre Brüder luden sie ein, jeder im Dorf erwartete, daß sie nach Pekwoi ziehen werde, und auch Toàn drängte sie dazu. Aber sie blieb bei ihrem Entschluß. Sie sagte ihrem Sohn:

»Du mußt gehen. Wie solltest du hier leben? Das ist nicht ein

Haus von der Art, wie es dem reichsten Mann des Dorfes zukommt, und bald wirst du eine eigene Familie haben. Aber dies ist mein Heim, und ich mag nicht anderswo hinziehen.«

Also blieb Nenem in dem schäbigen Schuppen wohnen, der ihr und dem Baby einst Zuflucht geboten hatte. Die rissigen Wände, die alten Körbe und Gegenstände, all dies bedeutete für sie Heimat, und die Nachbarn waren ihre Freunde. Toàn verstand sie, aber er war nie ganz damit einverstanden, und von Zeit zu Zeit fragte er sie immer wieder, ob sie nicht doch zu ihm nach Pekwoi ziehen wolle, und als er sich eine Frau gekauft hatte, die aus einem der reichsten Häuser in Olegel stammte, drängte sein Weib darauf, daß die Schwiegermutter bei ihnen wohne. Nach einer Weile gab es Kinder in Pekwoi. Da fragten der Sohn und die Schwiegertochter noch einmal, ob Nenem nicht zu ihnen ziehen wolle.

Wie immer antwortete sie: »Eines Tages werde ich kommen.«

Sie protestierte, als Toàn den alten Schuppen am Fluß neu decken lassen wollte. Ihr gefiel das Heidekraut und die Luftwurzeln, die von beiden Seiten her das Haus überwucherten und auch das Dach bedeckten. Sie und ihre Freunde nannten das Haus »Heidedach«. »Siehst du«, sagte sie zu ihrem Sohn, »ich wohne jetzt auch in einem Haus, das einen Namen hat.«

Toàn tat alles, um den alten Schuppen etwas wohnlicher herrichten zu lassen. Aber zu viele Wintermonde hatten auf das »Heidedach« herabgesehen, und endlich mußte er Nenem fast zwingen, dort auszuziehen, denn noch eine Jahreszeit mit Stürmen hätte die Hütte nicht überstanden. »Soll ich dir ein neues Haus bauen lassen?« fragte Toàn.

»Nein«, antwortete Nenem, »jetzt ziehe ich in dein Haus. Jetzt komme ich zu dir und deiner Frau.«

So kam am Ende Nenem doch wieder in das Haus Pekwoi. Aber es blieb ihr nur noch kurze Zeit, um sich an ihren Enkelkindern zu erfreuen. Ehe der letzte Wintermond voll war, starb sie.

Allein erfüllte Toàn alle Begräbnisriten. Seine Frau und Nenems engste Freunde halfen ihm, die Tote anzukleiden. Sie nahmen Schnur aus Weinbast, mit der man den Körper ins Grab senkt, fuhren damit über den Körper der Toten und gaben sie dann Toàn. So schoben sie ihm alles Unreine, das von der Leiche ausging, zu.

Allein weinte und fastete Toàn fünf Tage. Er sprach mit niemandem, aß nur dünne Oblaten aus Eichelmehl. Jede Nacht entzündete er am Grab der Mutter ein Feuer, um sie zu wärmen, bis sie Zeit gefunden hatte, die Reise ins Land der Toten anzutreten.

Am Ende der fünf Tage ging er ins Schwitzhaus, wo ein alter Mann aus Kotep die Zeremonie der Reinigung vollzog. Er wusch Toàn mit einem Extrakt aus Wurzeln und aromatischen Kräutern und betete dabei zu jedem der Geister, die am Fluß leben. Und jedem der Geister blies er auch etwas Rauch aus der heiligen Tabakpfeife zu. Und als er schließlich auch den Geist, der an der Mündung des Flusses lebt, versöhnt hatte, war aller böser Zauber, der von einem Leichnam ausgehen kann, gebannt. Toàns Reinigung war vollendet. Er konnte zu seiner Frau nach Pekwoi zurückkehren und wieder auf die Jagd gehen. Nenem hatte Toàn einst gelehrt, daß es falsch ist, zu lange um einen Toten zu trauern, daß es gefährlich ist, zuviel an einen Gestorbenen zu denken; und Toàn dachte an diese Belehrung. Er ging an das Grab seiner Mutter, immer, wenn er zum Fluß kam. Manchmal nahm er sich sein Schnitzmesser und ein Stück Holz mit und setzte sich dorthin, als habe er sein ganzes Leben dort gesessen. Manchmal weinte er auch, wenn er an sie dachte, aber meist erinnerte er sich an das leise Klirren des Schmucks, das ihre Schritte begleitet, und an ihr sanftes Lächeln.

Die Geisterbraut

An einem Platz, an dem unser Dorf stand, starb ein Mädchen, kurz bevor der Stamm zur Jagd aufbrach. Als es tot war, legte man ihm die schönsten Kleider an, und bald danach ritten die Krieger des Stammes fort zur Jagd.
Eine Gruppe junger Männer war zu einem anderen Stamm auf Besuch geritten, und sie kamen erst zurück, als das Mädchen schon gestorben und die anderen Krieger ausgeritten waren. Die meisten Männer dieser Gruppe kehrten nicht ins Dorf zurück, sondern schlossen sich der Jagdgesellschaft an und ritten mit ihr. Aber einer der jungen Männer war in das Mädchen, das gestorben war, verliebt gewesen. Er ritt allein zurück ins Dorf. Alles schien leer und verlassen, aber schon von weitem sah er jemanden auf der Spitze einer Hütte sitzen. Als er näher kam, erkannte er, daß es das Mädchen war, das er liebte. Er wußte nicht, daß es tot war, so wunderte er sich, es hier ganz allein zu sehen, denn der Tag war nahe, an dem er sein Mann und es seine Frau werden sollte. Als es ihn heranreiten sah, stieg es von der Spitze der Hütte herab und ging in die Hütte hinein. Dann stand er vor ihm und fragte es, warum es hier ganz allein im Dorf sei. »Ich habe Streit mit meinen Verwandten gehabt«, antwortete es, »da sind sie fortgezogen und haben mich zurückgelassen.« Der junge Mann wollte mit dem Mädchen schlafen, aber es sagte: »Nein, nicht jetzt, später, wenn wir verheiratet sind.« Es sagte auch zu ihm: »Hab keine Angst. Heute nacht werden hier Tänze stattfinden; die Geister werden tanzen.« Das ist eine alte Sitte bei den Pawnee. Wenn sie tanzen, ziehen sie von Hütte zu Hütte mit Gesang und Geschrei.

Jetzt, da der Stamm das Dorf aufgegeben hatte, waren die Geister hier eingezogen. Der junge Mann hörte sie durch die leeren Gassen gehen. Sie kamen auch in die Hütte, in der er sich aufhielt. Sie tanzten um ihn herum und johlten, und manchmal kamen sie ganz nahe an ihn heran.
Am nächsten Tag überredete der junge Mann das Mädchen, ihm zu folgen. Er wolle sich den anderen Kriegern anschließen, die auf Jagd gegangen waren. Sie brachen zusammen auf, und es versprach ihm, es werde gewiß seine Frau werden, aber nicht, ehe es Nacht geworden sei. Sie holten den Trupp der Jäger ein, aber ehe sie ins Lager kamen, blieb das Mädchen stehen. Es sagte: »Jetzt sind wir angekommen, aber du mußt erst in das Dorf gehen und für mich ein Lager bereiten. Richte es so ein, daß ich hinter einem Vorhang schlafen kann. Vier Tage und vier Nächte muß ich hinter dem Vorhang bleiben. In dieser Zeit darfst du nicht mit mir sprechen und meinen Namen niemandem gegenüber erwähnen.«
Der junge Mann ließ es zurück und ging in das Lager. Er suchte seine Hütte auf und bat eine Frau aus seiner Verwandtschaft, zu einer bestimmten Stelle zu gehen und dort eine Frau abzuholen, die auf ihn warte. Die Verwandte wollte wissen, wer diese Frau sei, aber es gelang ihm, den Namen nicht auszusprechen. Er nannte jedoch den Namen des Vaters und der Mutter des Mädchens. Die Verwandte war sehr erstaunt und sagte: »Das kann nicht sein, die Tochter dieses Mannes und dieser Frau ist einige Tage ehe wir aufbrachen gestorben.«
Als die Frau dann zu der beschriebenen Stelle ging, konnte sie das Mädchen nicht finden. Es war verschwunden. Es war nämlich ein Geist gewesen. Hätte er gehorcht und nicht gesagt, wer es ist, so wäre ihm ein zweites Leben auf der Erde geschenkt worden.
In derselben Nacht starb der junge Mann im Schlaf. Da sagten die Krieger des Stammes: Es muß doch noch ein anderes Leben geben als das, welches wir hier auf dieser Erde führen.

Der Schlangenbruder

Einmal vor langer Zeit zog eine große Abteilung der Pawnees auf den Kriegspfad in den Süden. Sie konnten keine Feinde finden, obwohl sie weit, weit ritten. Bei dieser Abteilung waren zwei Brüder, arme Jungen, und eines Tages trennten sie sich von den anderen, gerieten in ein Waldstück und verirrten sich. Als sie sich ihrer Lage bewußt geworden waren, versuchten sie zum Dorf zurückzureiten, aber sie fanden die Spur nicht mehr. Die beiden Brüder hatten keinen Proviant bei sich, und so sahen sie sich nach Tieren um, die sie schießen und deren Fleisch sie essen

konnten. Wie sie nun so umherstreiften, kamen sie zu einem toten Büffel, von dem nicht viel mehr übriggeblieben war als das Gerippe. Sie brachen die Markknochen heraus und trugen sie mit sich, bis sie ein Lager aufschlugen.
Nahe ihrer Lagerstätte wuchs ein Baum, und wie sie zu dessen Zweigen aufsahen, entdeckten sie ein Kaninchen, das zwischen den Ästen hin und her sprang. Einer der beiden Knaben nahm seinen Bogen und seine Pfeile, und der andere rief: »Schnell, töte das Kaninchen, töte es!« Der Junge schoß und erlegte das Tier. Sie zogen ihm das Fell ab und ließen das Fleisch über dem Feuer braten. Während sie noch damit beschäftigt waren, sich ihre Mahlzeit zuzubereiten, sagte der ältere Bruder: »Ich frage mich, ob es gut ist, das Mark und den Kaninchenbraten zusammen zu essen.« Der Jüngere sagte: »Nein, es ist nicht gut, denn Mark ist kein richtiges Fleisch.« Der Ältere meinte, Kaninchenfleisch und Mark würden sich schon miteinander vertragen, und darüber stritten sie eine Weile. Der ältere Bruder versuchte den Jüngeren zu überreden, beides zu essen, aber der Jüngere sagte: »Nein, Bruder, das mag ich nicht. Mir scheint das nicht gut!« »Ach was«, sagte der Ältere, »du bist zu ängstlich«, und er aß von beiden Speisen. »Es schmeckt gut«, sagte er, »versuch doch auch einmal.« Aber der jüngere Bruder ließ sich nicht umstimmen. Er aß nur von dem Mark. Nachdem sie nun gegessen hatten, zogen sie nicht weiter, sondern legten sich an diesem Platz zum Schlafen nieder. Mitten in der Nacht hörte der ältere Bruder ein Geräusch an seinen Füßen. Er richtete sich auf, griff sich an Beine und Füße und merkte, daß seine Füße zusammenwuchsen. Sie waren ganz rund, und auch eine Klapper war daran, wie am Schwanz einer großen dicken Klapperschlange. Er weckte seinen Bruder und sagte: »Steh auf, mit mir geht etwas vor.«
Der jüngere Bruder rieb sich den Schlaf aus den Augen, befühlte die Beine seines Bruders und fand alles so, wie der Ältere es ihm gesagt hatte. Kein Zweifel, sein Bruder verwandelte sich in eine Schlange, und die Verwandlung begann an seinen Beinen.
Dem Jüngeren wurde elend zumute. Der Ältere aber sprach zu dem Jüngeren und gab ihm gute Ratschläge. Er sagte:
»Ich weiß, ich muß jetzt sterben, und du wirst allein hier auf der Prärie zurückbleiben. Du bist jung. Du wirst den Weg zum Dorf zurück allein nicht finden. Du mußt dich in dein Schicksal fügen. Gewiß kommt alles nur davon, daß ich Mark und Kaninchenfleisch zusammen gegessen habe.«
Und während er noch sprach, war er auch schon bis zur Hüfte in eine Schlange verwandelt worden.
Nach einer Weile schien er plötzlich wieder Hoffnung geschöpft zu haben. Er sagte:

»Hör Bruder. Jetzt weiß ich, du wirst sicher nach Hause kommen. Ich werde dich beschützen. Ich weiß, ich werde bald eine Schlange sein, und ich werde hierbleiben. Siehst du dieses Loch dort am Abhang? Wenn ich mich ganz in eine Schlange verwandelt habe, dann trag mich hinüber zu diesem Loch. Dort bleibe ich für immer. Das wird mein Haus sein, denn dort ist das Dorf der Schlangen. Wenn du heimkommst, mußt du unserem Vater und unserer Mutter alles erzählen was geschehen ist, und immer wenn du auf den Kriegspfad gehst, komm mit einem großen Trupp Krieger hier vorbei, und du wirst mich sehen. Zuerst aber, wenn du daheim gewesen bist, will ich, daß du allein hierher zurückkommst. Vergiß nicht, was ich dir gesagt habe, und fürchte dich nicht vor mir. Ich glaube, all dies mußte geschehen. Es ließ sich nicht ändern. Das erstemal komm allein, das zweitemal bring ein paar andere Männer mit.«
So sprach er, und während er redete, ging die Verwandlung weiter. Sein Verstand war immer noch der eines Menschen, aber sein Körper glich einer großen Schlange. Noch einmal sprach er den Bruder an:
»Jetzt nimm eine Decke und hüll sie um meinen Kopf, und nach einer Weile nimm sie wieder fort.«
Der jüngere Bruder tat, wie ihm geheißen, und als er die Decke wieder wegnahm, sah er einen riesigen Schlangenkopf, so breit wie zwei Hände. Jetzt war der ältere Bruder völlig in eine Schlange verwandelt.
Der junge Mann nahm die Schlange in seine Arme und trug sie hinüber zu dem Loch und setzte sie davor auf den Boden. Es wurde ihm schwer, fortzugehen und den Bruder hier allein zu lassen. Ehe er aufbrach, sagte er der Schlange noch ein gutes Wort.
»Ich gehe jetzt heim, Bruder. Bitte, hab Mitleid mit mir und beschütze mich. Ich kenne das Land nicht, durch das ich gehe. Vergiß nicht, was du mir versprochen hast.« Nachdem er das gesagt hatte, wartete er nicht, bis die Schlange in das Loch gekrochen war, sondern machte sich auf den Weg.
Als er das Dorf erreicht hatte, erzählte er alles seinem Vater und seiner Mutter, und den Verwandten sagte er: »Trauert nicht um ihn. Er lebt, und es geht ihm gut. Nur hat er eben jetzt die Gestalt einer Schlange.«
Nachdem er zehn Tage daheim gewesen war, bat er seine Mutter, ihm fünf Paar Mokassins zu nähen, und sagte zu ihr, er wolle jetzt allein auf den Kriegspfad gehen. Die Mutter nähte ihm die Schuhe und füllte sie mit getrocknetem Mais, und er nahm auch noch einen kleinen Sack mit gemahlenem Büffelfleisch mit und brach dann auf, um seinen Bruder zu besuchen.
Es dauerte sieben Tage, bis er wieder zu der Stelle kam, an der er die Schlange auf den Boden gesetzt hatte. Als er näher heran-

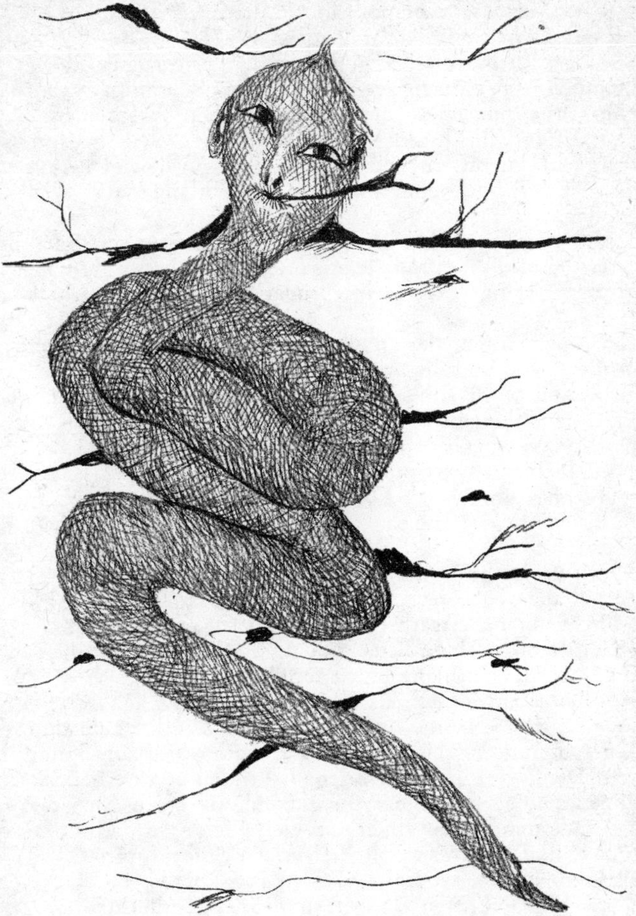

trat, sah er, daß sich dort immer noch ein Loch im Abhang befand. Er stellte sich dicht davor und sagte:
»Bruder, ich bin hier. Ich bin auf dem Kriegspfad. Ich bin gekommen, um dich zu sehen, wie du es mir aufgetragen hast. Nun, Bruder, erinnere auch du dich an dein Versprechen. Heute nachmittag will ich dich sehen.« Nach einer Weile begann es in dem Loch zu rattern und rasseln, zuerst fiel Sand heraus und dann zeigte sich eine große, dicke Schlange, das war sein Bruder.
Darauf kamen noch andere Schlangen, die waren sogar noch größer und dicker, und sie zogen einen Kreis um ihn, aber die große Schlange, die sein Bruder war, lag außerhalb des Kreises.
Der Junge ging zu der großen dicken Schlange hin und nahm sie in die Arme, und die Schlange schob ihre Zunge vor, als wolle sie ihn küssen. Dann setzte sie der Junge wieder auf den Boden, und alle Schlangen krochen wieder in das Loch zurück.
Der Junge ging fort, und als die Sonne unterging, kam er an einen kleinen ausgetrockneten Fluß, und hier legte er sich nieder und schlief ein.
In der Nacht träumte ihm, er höre seinen Bruder sprechen, und der sagte:
»Ich freue mich, Bruder, daß du mich besucht hast, wie ich es dir aufgetragen habe. Jetzt sage ich dir, sei tapfer. Habe Mut! Morgen früh, wenn du erwachst, kleide dich so an, wie man sich für einen Kampf kleidet. Bemale dein Gesicht, stecke dir die Federn ins Haar und mach dich bereit zum Kampf.«
Am nächsten Morgen, als der Junge erwachte, gehorchte er den Worten der Schlange. Er bemalte sein Gesicht, befestigte den Federschmuck an seinem Kopf und machte sich zum Kampf bereit. Dann ging er weiter. Sehr bald kam er zu einem kleinen Hügel, und als er in die Ebene hinabblickte, sah er Menschen auf sich zukommen, Menschen und viele Pferde. Er dachte, es seien Sioux, und als er sie sah, lief er ein Stück zurück, um einen Platz zu finden, wo er sich verstecken konnte. Er ging bis zu dem ausgetrockneten Flußbett, in dem er übernachtet hatte, und verbarg sich dort im Gebüsch. Er wartete, und die Menschen kamen heran und schlugen gerade unterhalb des Busches, in dem er saß, ihr Lager auf. Nach einer Weile richtete er sich auf und sah sich um. Er konnte nur zwei Personen ausmachen, und eine davon war eine Frau. Er behielt das Lager noch eine ganze Weile im Auge, aber er sah immer nur diese beiden Leute. Er überlegte, was er tun sollte. Da fiel ihm ein, was ihm sein Bruder in der Nacht im Traum gesagt hatte.
Er kroch langsam durch die Büsche gegen das Lager hin, und als er ganz nahe heran war, hob er den Kopf und schaute. Er sah, daß die Frau kochte, und an einem kleinen Baum hingen der

Bogen und der Schild des Mannes; der Mann selbst aber war nirgends zu sehen. Er lag irgendwo in der Nähe und schlief. Der Junge wartete und beobachtete. Er war aufgeregt, und er hörte, wie sein Herz gegen seine Rippen schlug. Nach einer Weile stand die Frau vom Feuer auf und ging zu den Pferden hinüber. Vielleicht hatte der Mann ihr gesagt: »Die Pferde laufen fort, geh und hol sie zurück.« Als sie zu den Pferden ging, wollte der Junge schon aufspringen, zu dem Mann laufen und ihn töten, aber er überlegte es sich anders. Er sagte sich: »Wenn ich ihn jetzt töte, wird die Frau vielleicht auf dem einen Pferd fortreiten und das andere Pferd mitnehmen.« So wartete er, bis die Frau zurückgekommen war. Als sie wieder am Feuer stand, sprang er auf sie zu. Sie hörte ihn kommen und lief, um ihren Mann zu wecken. Aber noch ehe sie neben dem Schlafenden stand, hatte der Junge sie eingeholt. Zwei Pfeile trafen den Mann und töteten ihn. Der Junge nahm den Skalp des Mannes, dann ging er mit der Frau zu den beiden Pferden und trieb seine Gefangene und die Tiere zu der Wohnung der Schlangen. Vor dem Loch band er die beiden Tiere mit einer Leine an einen Baum und befahl dann der Frau, sich ebenfalls an den Baum zu stellen. Dort fesselte er sie so fest, daß sie ohne fremde Hilfe unmöglich freikommen konnte. Als dies getan war, ging er zu dem Loch, kniete dort nieder und sagte:

»Oh, mein Bruder, ich sehe jetzt, daß alles, was du versprochen hast, in Erfüllung geht. Hier sind zwei Tiere und eine Frau. Ich schenke sie dir, weil du gut zu mir gewesen bist. Sie gehören dir. Ich bin froh über alles, was du an diesem Tag für mich getan hast.«

Und als er das gesagt hatte, fügte er noch hinzu:

»Jetzt, Bruder, möchte ich dich noch einmal sehen, ehe ich fortgehe.«

Nach einer Weile, während der er ein ratterndes Geräusch in dem Loch hörte und wieder Sand und kleine Steine herausgekollert kamen, kroch sein Bruder hervor, und nach ihm zeigten sich viele kleinere Schlangen, und alle schlängelten sich zu dem Baum und begannen am Stamm hinaufzuklettern. Der Junge aber nahm wieder seinen Bruder in die Arme, und die Schlange schob ihre Zunge vor, als wolle sie ihn küssen. Der Junge sagte:

»Jetzt, Bruder, gehe ich fort. Die beiden Tiere und die Frau gehören dir.« Und er machte sich auf den Heimweg und erreichte nach einem langen Marsch das Dorf.

Nach einiger Zeit beschloß er, wieder auf den Kriegspfad zu gehen, und diesmal nahm er eine Gruppe anderer Krieger mit. Er erzählte dem ganzen Stamm, was geschehen war und daß sein Bruder ihm versprochen habe, ihn zu schützen. Zu den Kriegern, die mit ihm kamen, sagte er:

»Ich bitte euch, nehmt alle ein kleines Geschenk mit für meinen Bruder, ein paar Perlen oder Adlerfedern oder etwas Tabak, dann wird er auch euch helfen.«
Sie brachen auf nach Süden, und als sie zu der Stelle kamen, wo der Bruder lebte, sagte der junge Mann zu den anderen:
»Jetzt muß jeder von euch meinem Bruder ein Geschenk geben. Ruft ihn mit dem Namen seiner Familie an und bittet ihn, daß er euch schützt, und dann laßt die Geschenke vor dem Loch zurück.«
Sie taten wie ihnen geheißen, und nachdem sie ihre Geschenke niedergelegt hatten, gingen sie fort. Den Verzauberten sahen sie nicht, denn der Bruder forderte die große Schlange nicht auf, aus ihrem Loch hervorzukommen. Zwei oder drei Tage nachdem sie diesen Platz hinter sich gelassen hatten, fanden sie ein Lager der Sioux, erbeuteten viele Pferde und töteten einige Krieger. Als sie auf dem Rückweg wieder an der Wohnung der Schlangen vorbeikamen, nahmen sie eines der erbeuteten Pferde, führten es zu dem Loch, töteten es und legten dort auch die Skalps ihrer Feinde nieder. Als sie ins Dorf zurückkamen, wurde dort ihr Sieg mit Tänzen gefeiert, und alle Alten waren froh, daß wieder einmal einige Sioux hatten ihr Leben lassen müssen.
Danach brach bald wieder eine Abteilung auf und ging auf den Kriegspfad, und der junge Mann sagte zu ihnen:
»Geht geradewegs zu meinem Bruder und macht ihm ein Geschenk, bittet ihn, daß er euch Glück wünscht, und ihr werdet erfolgreich sein.« Und es geschah so, wie er es ihnen vorhergesagt hatte.
Der Bruder war immer erfolgreich im Krieg. Er wurde ein Häuptling. Er war reich und besaß viele Pferde. Und immer, wenn er einen Kriegszug anführte, kamen alle armen Männer zu ihm und sagten: »Wir wollen mit dir gehen.« Sie wußten, das sein Bruder eine Schlange war und daß er ihnen Glück bringen würde.

Das braune Pferd

Vor vielen, vielen Jahren lebte in einem Pawnee-Stamm eine alte Frau mit ihrem Enkel, einem Jungen von sechzehn Jahren. Die beiden hatten keine Verwandten und waren sehr arm. So arm waren sie, daß alle anderen Familien des Stammes sie verachteten. Sie hatten keinen Besitz; und immer, wenn der Stamm aufbrach und von einem Lagerplatz zu einem anderen zog, blieben die beiden zurück, um sich in dem verlassenen Lager umzusehen und all das aufzulesen, was die anderen Indianer fortgeworfen hatten. So fanden sie manchmal ein Stück von einem Umhang, zerschlissene Mokassins und ein paar Brocken Fleisch.

Als eines Tages der Stamm wieder einmal weiterzog und die alte Frau und der Junge ganz hinten am Zug mitliefen, geschah es, daß ein mageres, verwahrlostes Pferd zu ihnen getrottet kam Es war dünn, erschöpft, blind auf einem Auge, hatte einen wunden Rücken, und die Gelenke seiner Vorderbeine waren angeschwollen. Das Pferd war wertlos, und keiner der Pawnees hatte es der Mühe für wert gefunden, es mit dem Zug fortzutreiben. Aber als es zu der alten Frau und ihrem Enkel gelaufen kam, sagte der Junge: »Komm, wir nehmen die alte braune Mähre mit, vielleicht trägt sie unser Bündel.« Die alte Frau legte ihr Bündel auf den Rücken des Pferdes, und sie liefen weiter. Das Pferd lahmte, und sie kamen nur sehr langsam voran.
Der Stamm zog den Nördlichen Platte-River entlang bis nach Court House Rock. Die beiden armen Indianer folgten nach und kampierten bei den anderen.
Eines Tages kam der junge Mann, den man ausgeschickt hatte, um nach Büffeln Ausschau zu halten, ins Lager zurückgerannt und berichtete dem Häuptling, er habe in der Nähe eine große Herde gesichtet und unter ihr befinde sich auch ein geflecktes Kalb.
Der Oberste Häuptling der Pawnees hatte eine schöne Tochter, und als er von dem gefleckten Kalb hörte, befahl er dem Ausrufer, durch das Dorf zu laufen und zu verkünden, daß der Mann, welcher das gefleckte Kalb erlege, seine Tochter zur Frau bekommen solle, denn eine gefleckte Büffeldecke ist eine zauberkräftige Medizin.
Die Büffel weideten etwa vier Meilen vom Dorf entfernt, und die Häuptlinge kamen überein, daß man die Herde mit einer Reiterattacke jagen wolle. So hatte der Mann, der das schnellste Pferd besaß, die größte Chance, das gefleckte Kalb zu schießen.
Also nahmen alle Krieger und jungen Männer ihre schnellsten Pferde und machten sie bereit. Unter denen, die sich zur Jagd zusammenfanden, war auch der arme Junge mit seinem alten, lahmen braunen Gaul. Als die anderen ihn sahen, lachten sie ihn aus und sagten:
»Seht nur, da steht das Pferd, mit dem gewiß das gefleckte Kalb erlegt werden wird!«
Und sie verspotteten den armen Jungen so lange, bis er sich so weit von der Gruppe entfernte, daß er ihre Späße und ihr Gelächter nicht mehr hören konnte.
Als er nun ein kleines Stück fortgeritten war, blieb das Pferd stehen, wandte seinen Kopf und sagte zu dem Jungen: »Bring mich hinunter zum ausgetrockneten Flußbett und beschmiere mich ganz mit Lehm. Vergiß auch meinen Kopf, meinen Hals und meine Beine nicht.«
Der Junge fürchtete sich vor dem Pferd, weil es sprechen konnte, aber er tat, wie ihm geheißen. Darauf sprach das Pferd: »Jetzt

steig auf, aber reite nicht zu den Kriegern zurück. Sie würden dich doch nur auslachen, weil du so eine armselige Mähre hast. Bleib hier, bis der Befehl zur Jagd gegeben wird.«
Der Junge gehorchte.
Als nun alle schönen Pferde in einer Reihe aufgestellt waren und ungeduldig tänzelten, gab der alte Ausrufer den Befehl zum Angriff. »Loo-ah!« rief er. »Los!!«
Da beugten sich die Pawnees auf ihren Pferden vor, stießen Freudenschreie aus und begannen anzureiten. Plötzlich tauchte von rechts her das elende braune Pferd auf. Es schien nicht schnell zu laufen. Es lief überhaupt nicht. Es segelte, es flog wie ein Vogel. Es ging an allen anderen schnellen Pferden vorbei und war ihm nächsten Augenblick unter der Büffelherde. Erst schoß es auf das gefleckte Kalb zu. Ein Pfeil sauste durch die Luft, und das Kalb stürzte zu Boden. Sein Reiter legte einen zweiten Pfeil auf, mit dem tötete er eine fette Büffelkuh. Dann stieg der Junge ab, und ehe die anderen Krieger überhaupt herangekommen waren, zog er dem gefleckten Kalb das Fell ab. Als die Krieger nun zu der alten braunen Mähre hinsahen, fanden sie sie völlig verändert. Sie schlug aus und wollte vor Kraft und Feuer kaum neben dem toten Büffel ruhig stehenbleiben. Der Rücken war wieder heil, die Fesseln waren kräftig und beide Augen klar und hell. Der arme Junge häutete auch noch die Kuh ab, packte dann alles Fleisch auf sein Pferd, deckte die Ladung mit der gefleckten Haut ab und führte das braune Pferd ins Lager zurück. Aber selbst jetzt, mit der schweren Last auf dem Rücken, tänzelte das Tier. Einer der reichen Häuptlingssöhne kam herangeritten und bot dem Jungen für die gefleckte Büffelhaut zwölf gute Pferde, aber der Junge lachte nur und antwortete, er denke nicht daran, die Haut zu verkaufen.
Während der Junge langsam zu Fuß ins Lager zurücklief und das Pferd hinter sich herführte, kamen die ersten Krieger schon ins Dorf geritten. Sie liefen zu der alten Frau und erzählten ihr: »Dein Enkel hat das gefleckte Kalb erlegt!«
Die Alte antwortete: »Warum treibt ihr einen so grausamen Scherz mit mir? Warum macht ihr euch über uns lustig? Wir sind arm und können uns nicht wehren.«
Die Krieger sprachen: »Wir reden die Wahrheit«, und dann ritten sie weiter.
Bald kam dann auch der Junge heran. Er führte sein Pferd zur Hütte seiner Großmutter. Es war eine kleine Hütte, gerade groß genug für zwei Leute, und sie war aus Fellfetzen zusammengestückelt, die die alte Frau aufgelesen hatte, und mit Darmschnüren bespannt. Es war die schlechteste Hütte im ganzen Dorf. Als die alte Frau den Jungen sah, der das braune Pferd führte, auf dem viel Fleisch und die gefleckte Decke lagen, war sie sehr erstaunt.

Der Junge sagte zu ihr: »Hier bringe ich dir viel Fleisch, und hier ist auch ein Büffelfell, das schenke ich dir. Schaff das Fleisch ins Haus.«
Da lachte die alte Frau, und ihr Herz wurde froh. Aber als sie das Fleisch abladen wollte, schnaubte das braune Pferd und schlug aus. Die alte Frau mochte kaum glauben, daß es noch dasselbe Pferd war. Schließlich schaffte der Junge das Fleisch in die Hütte, denn das Pferd ließ die alte Frau nicht herankommen.
In dieser Nacht sprach das Pferd wieder zu dem Jungen und sagte: »Wa-ti-hes Chah'-ra-rat wa-ta. Morgen werden die Sioux mit einer großen Streitmacht kommen. Sie werden das Dorf angreifen, und es wird eine große Schlacht geben. Wenn sich die Sioux in einer Reihe zum Kampf aufgestellt haben, dann springe auf meinen Rücken, und reite los, so schnell du kannst. Reite gegen die Mitte der Schlachtreihe an. Dort steht der Oberste Häuptling der Sioux, schlag ihn mit deinem Kriegsbeil über den Schädel, töte ihn und dann reite zurück. Tue das viermal, schlag die vier tapfersten Krieger der Sioux nieder, töte sie, aber dann lasse es genug sein. Denn wenn du ein fünftes Mal anreitest, wirst du getötet werden, oder du wirst mich verlieren. La-ku'-ta-chix – denke daran.«
Der Knabe versprach es.
Am nächsten Tag kam alles so, wie das Pferd es vorhergesagt hatte. Die Sioux rückten an und stellten sich in einer Reihe zum Kampf auf. Der Junge nahm Pfeil und Bogen, sprang auf das braune Pferd und ritt mitten unter sie. Als die Sioux nun sahen, daß er versuchte, ihren Obersten Häuptling zu töten, schossen sie all ihre Pfeile gegen ihn ab. Die Pfeile flogen so dicht daher, daß sich der Himmel verfinsterte, aber keiner traf den Jungen. Und er tötete den Häuptling und ritt zurück. Noch dreimal ritt er an, und jedesmal tötete er einen mächtigen Krieger der Sioux, ohne daß ihm dabei auch nur ein Haar gekrümmt wurde.
Die Sioux und die Pawnees kämpften weiter, und der Junge stand da und sah der Schlacht zu. Schließlich sagte er zu sich selbst: »Ich bin viermal angeritten. Ich habe vier Sioux getötet, ohne dabei verletzt zu werden. Warum soll ich es nicht noch einmal versuchen?«
Er stieg also wieder auf sein braunes Pferd und ritt abermals an. Als er mitten unter den Sioux war, schoß einer ihrer Krieger einen Pfeil nach ihm ab. Das Geschoß traf das Pferd hinter dem Vorderbein. Da stürzte das Tier tot zu Boden. Der Junge sprang ab, schlug sich durch die Reihen der Sioux-Krieger und rannte, so schnell er konnte, zu den Pawnees zurück. Jetzt, als das Pferd erschossen war, sprachen die Sioux zueinander: »Dieses Pferd war wie ein Mann. Es war tapfer. Es war nicht wie ein Pferd.«

Und sie nahmen Messer und Äxte, zerteilten das braune Pferd und schnitten sein Fleisch in kleine Stücke.
Der Kampf zwischen den Pawnees und den Sioux dauerte den ganzen Tag, aber als es Nacht wurde, wichen die Sioux zurück und flohen.
Der Junge war sehr betrübt, daß er sein Pferd verloren hatte, und als das Gefecht vorbei war, ging er zu der Stelle, wo der Kadaver des Pferdes lag, und sammelte alle Fleischstücke zusammen, dazu die Beine und die Hufe, und das alles schichtete er auf einen Haufen. Dann stieg er auf die Spitze eines Hügels in der Nähe, setzte sich, zog seinen Umhang über den Kopf und trauerte um sein Pferd.
Als er eine Weile gesessen hatte, hörte er einen großen Sturm aufkommen, und der raste an ihm vorbei, und auf den Wind folgte der Regen. Der Junge sah hinab zu der Stelle, wo der Haufen mit dem Fleisch und den Knochen lag, und er konnte die Stelle durch den Regen hindurch ausmachen. Und es hörte auf zu regnen, aber sein Herz war ihm schwer, und er trauerte weiter.
Bald darauf kam abermals ein Sturm und danach Regen, und als er wieder zu der Stelle blickte, wo er die Überreste des Pferdes aufgeschichtet hatte, schien es ihm, als fügten sie sich wieder zusammen und als würden sie Gestalt annehmen, und manchmal sah es auch so aus, als liege dort ein Pferd, aber er konnte es nicht genau sehen, denn der Regen fiel dicht und schwer.
Danach kam ein dritter Sturm, und als der Junge nun hinübersah, glaubte er, das Pferd dort stehen zu sehen, und es kam ihm auch so vor, als wedele es mit dem Schweif. Der Junge hatte Angst. Er wollte fortlaufen, aber er blieb. Und wie er wartete, kam ein vierter Sturm, und jetzt war es, als wiehere dort hinter dem Vorhang aus gepeitschtem Regen das Pferd.
Als das Unwetter aufgehört hatte, lief der Junge rasch vom Hügel herab. Das braune Pferd kam ihm entgegen, und es sprach: »Du hast gesehen, wie alles gekommen ist. Laß dir das eine Lehre sein. Ti' ra'-wa ist gnädig gewesen und hat mich noch einmal zu dir zurückkommen lassen. Aber von nun an halte dich immer an das, was ich dir sage. Tu nichts mehr und nichts weniger. Und jetzt führe mich hinter jenen großen Hügel, laß mich über Nacht dort, und am Morgen komm mich holen.«
Der Junge tat, wie ihm geheißen.
Und als er am Morgen das Pferd holen kam, da fand er bei ihm einen weißen Schimmel.
Auch in dieser Nacht befahl das braune Pferd dem Jungen, es wieder hinter den großen Hügel zu bringen und es am nächsten Morgen wieder abzuholen. Und als der Junge wiederkam, fand er einen schönen schwarzen Rappen bei dem braunen Pferd. Und so ging es fort zehn Nächte lang. Über Nacht ließ der Junge das

Pferd hinter dem großen Hügel, und jeden Morgen fand er neben dem braunen Pferd ein zweites Tier in einer anderen Farbe, und es waren Pferde, so schön, wie man nie zuvor welche unter den Tieren des Stammes gesehen hatte.
Jetzt war der arme Junge reich, und er heiratete die schöne Tochter des Obersten Häuptlings, und als er älter wurde, trat er an die Stelle seines Schwiegervaters. Er hatte viele Kinder, und eines Tages, als sein ältester Sohn starb, wickelte er ihn in das Fell des gefleckten Kalbes und begrub ihn. Er sorgte immer gut für die alte Großmutter und behielt sie in seiner Hütte, bis sie starb. Das braune Pferd wurde nur an Festtagen geritten, wenn der Medizintanz aufgeführt wurde, aber es folgte dem Häuptling überallhin, auf Schritt und Tritt. Viele Jahre lebte das Pferd im Dorf. Dann war der Häuptling ein alter Mann. Er starb und mit ihm das braune Pferd.

Der verzauberte Baum

Es waren einmal ein alter Mann, ein junger Mann und zwei Weiber, die lebten zusammen. Die Weiber waren die Ehefrauen des jungen Mannes. Nun brauchte der junge Mann eines Tages einige Federn für seine Pfeile. Auf einem hohen Baum sah er ein Falkennest, und er begann hinaufzuklettern, um sich Falkenfedern zu holen. Der alte Mann war eifersüchtig auf den jungen Mann und war ihm nachgeschlichen. Und als er sah, daß der Junge den Baum erklomm, gebrauchte er einen Zauber und ließ den Baum höher und höher wachsen. Gleichzeitig löste sich die Rinde vom Stamm, und der Stamm wurde glitschig, so daß man nicht mehr an ihm klettern konnte. Der junge Mann war nackt hinaufgestiegen, und nun saß er auf der Spitze des Baumes und konnte nicht mehr hinunter.
Als der junge Mann am Abend immer noch nicht zurückgekehrt war, befahl der alte Mann den beiden Weibern, das Lager abzubrechen und ihm zu folgen. Am nächsten Morgen brachen sie auf. Einer der beiden Frauen gefiel der alte Mann, aber die andere, die ein Kind hatte, verabscheute ihn, und als sie am Abend ihr Lager aufschlugen, nahm sie ihr Kind, machte sich ein Feuer außerhalb des Lagers, und als der Mann kam, um mit ihr zu schlafen, zerkratzte sie ihm das Gesicht, und er ließ von ihr ab.
Einige Tage vergingen.
Die ganze Zeit saß der junge Mann im Wipfel des Baumes, und da es kalt war und er keine Kleider hatte, nahm er sein Haar, das recht lang war, wob Federn hinein und verfertigte sich so eine Decke, die ihn schützte. Die kleinen Vögel, die ihre Nester am Rande des Falkennestes bauten, versuchten ihn auf die Erde

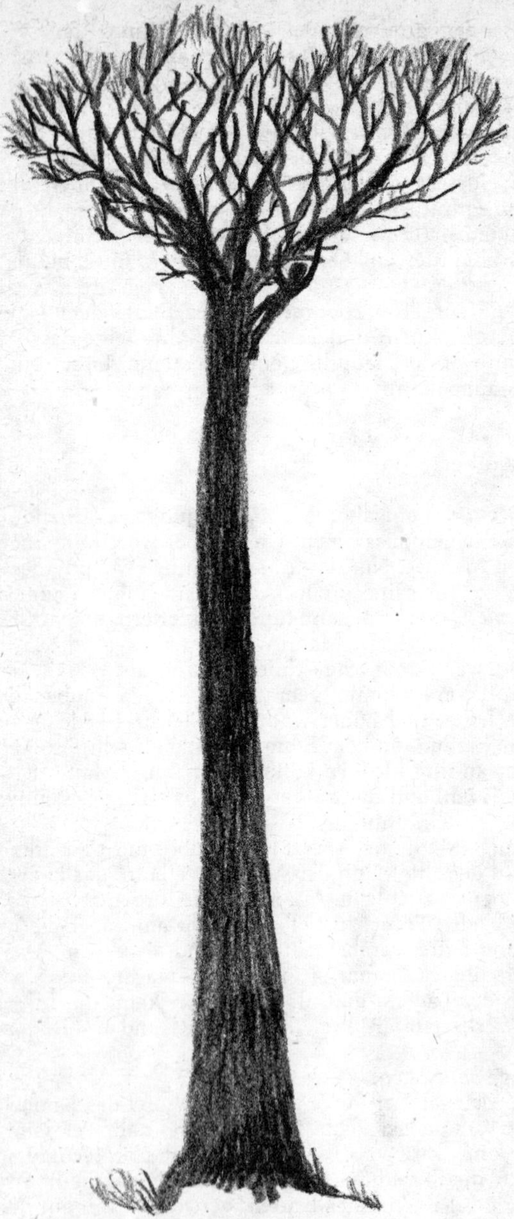

hinabzutragen, aber er war zu schwer, und so mußte er bleiben, wo er war.
Endlich sah er unten eine alte Frau vorbeikommen. Sie lief vornübergebeugt und trug in jeder Hand einen Stock. Sie trat an den Stamm heran und begann hinaufzuklettern, und als sie oben bei dem jungen Mann angekommen war, stellte sich heraus, daß es die Spinnenfrau war. Die Spinne spann ein Netz, und aus dem Netz drehte sich der junge Mann ein Seil, an dem ließ er sich sicher vom Baum herab.
Er lief zu dem alten Lager zurück und fand es verlassen, aber er entdeckte die Spuren der beiden Frauen und des alten Mannes und folgte ihnen. Sehr lange mußte er suchen und wandern, bis er endlich die Gruppe in einiger Entfernung vor sich sah.
Zuerst traf er auf die Frau, die den alten Mann abgewiesen hatte. Auch unterwegs hielt sie sich mit ihrem Kind von den beiden anderen fern. Als nun das Kind sich umschaute und den Mann sah, der ihnen folgte, rief es: »Schau, Mutter, dort ist mein Vater!« Aber die Mutter antwortete: »Du träumst, Kind. Dein Vater ist lange tot.« Dann aber sah sie genau hin. Sie erkannte ihren Mann und wartete voll Freude, bis er herangekommen war. Sie erzählte ihm, was geschehen war, wie der alte Mann versucht hatte, beide Frauen zu verführen, daß sie ihn abgewiesen, die andere aber mit ihm das Lager geteilt habe. Nun trug die Frau einen großen Korb, in den stieg der junge Mann, und seine Frau legte noch eine Decke darauf, damit man ihn nicht sogleich entdeckte. Den Korb schleppte sie bis zum Lager, und dort stellte sie ihn neben das Feuer. Darüber wurde der alte Mann zornig. Er nahm den Korb auf und trug ihn ein Stück fort. Die Frau, die ihrem Mann treu geblieben war, holte ihn wieder zum Feuer zurück. Diesmal schlug sie der Alte. Da sprang der junge Mann aus seinem Versteck hervor. Er erschlug den alten Mann. Er erschlug auch die treulose Frau, und mit der anderen Frau und dem kleinen Jungen kehrte er in das Lager zurück, in dem sie gewohnt hatten, ehe er auf den Baum gestiegen war, um Federn zu suchen. Den Baum aber fällte der junge Mann, damit niemand anders durch den Zauber, der auf dem Baum lag, zu Schaden komme.

Die Mädchen, die einen Stern heiraten wollten

Zu der Zeit, von der diese Geschichte erzählt, lebten die Menschen so, wie wir heute leben. Im Winter bauten sie Wigwams aus Birkenrinde. Nur eines war anders: Alle Tiere konnten noch sprechen. Zwei junge Mädchen, die sehr töricht waren, dummes Zeug schwatzten und keinen Anstand kannten, wie die anderen Mädchen des Stammes, schliefen eines Nachts im Freien,

unter den Sternen. Schon daraus, daß sie im Winter draußen und nicht im Wigwam schliefen, läßt sich ersehen, wie töricht sie waren. Das eine Mädchen fragte das andere: »Mit welchem Stern möchtest du schlafen, mit dem weißen oder dem roten?« Das andere Mädchen antwortete: »Ich würde lieber mit dem roten Stern schlafen.« »Das trifft sich gut«, sagte die Freundin, »ich würde lieber mit dem weißen Stern schlafen. Er ist jünger.«
Dann schliefen die beiden Mädchen ein. Als sie wieder erwachten, befanden sie sich in einer anderen Welt, in der Welt der Sterne. Vier Menschen waren dort: die beiden Mädchen und die beiden Sterne, die Männer geworden waren. Der weiße Stern war sehr, sehr alt und weißhaarig, und der jüngere Stern hatte rotes Haar. Er war der rote Stern. Die beiden Mädchen blieben lange in der Sternenwelt, und jene, die den weißen Stern gewählt hatte, war unglücklich, weil der alte Mann nie mit ihr schlief.
Es gab in der Sternenwelt auch eine alte Frau, die saß auf dem Loch in der Himmelsdecke, und immer wenn sie aufstand, deutete sie nach unten und sagte zu den beiden Mädchen: »Dort kommt ihr her.« Dann schauten sie hinab auf die Erde und sahen ihre Verwandten und die anderen Mädchen des Stammes unten tanzen, da bekamen die beiden Freundinnen Heimweh und bereuten ihre törichten Wünsche. Eines Tages, es war gegen Abend, entfernte sich die alte Frau etwas weiter von dem Loch in der Decke des Himmels. Die jungen Mädchen hörten unten ein Geräusch, das bis zum Anbruch des nächsten Tages anhielt. Das war der Geist der alten Frau, der zwischen Himmel und Erde umherflog.
Eines Morgens sagte die Alte zu den Mädchen: »Wenn ihr wieder dorthin zurückwollt, wo ihr hergekommen seid, werde ich euch gehen lassen, aber ihr müßt hart arbeiten. Ihr müßt euch eine Strickleiter knüpfen. Dazu werdet ihr zwei Rollen Garn brauchen, und wenn die aufgebraucht sind, dann wird die Leiter lang genug sein, um damit auf die Erde hinabzusteigen.«
Die Mädchen arbeiteten viele Tage, bis die Strickleiter fertig war. Sie kletterten hinunter, doch die Leiter endete ein paar Meter über einem Adlernest. Die Mädchen faßten Mut und sprangen in das Nest. Und da saßen sie nun, auf einem riesigen Baum mitten in der Wildnis, und allein würden sie nie den Baum herabsteigen können. Dazu waren sie zu ungeschickt.
Da sagte die eine: »Wir werden hier bleiben müssen, bis uns jemand holen kommt.«
Der Bär ging vorbei. Die Mädchen riefen:
»Bär, komm und hol uns. Wenn du uns aus diesem Nest befreist, werden wir dich heiraten.«
Der Bär sah hinauf und dachte nach. Eigentlich sehen die beiden Mädchen dort oben gar nicht sehr hübsch aus, sagte er bei sich. Er tat so, als klettere er am Stamm hinauf, aber bald rief er:

»Ich komme nicht weiter. Es tut mir leid, jemand anderes wird euch heiraten müssen.«
Als nächster kam der Luchs vorüber. Wieder riefen die Mädchen: »Komm herauf und hole uns. Du kannst dir gleich zwei Frauen vom Baum pflücken.«
Der Luchs besah sich die Mädchen oben im Baum. Nein, sagte er, das sind zwei Leichtsinnige. Wie kämen sie sonst auf einen so hohen Baum.
»Es tut mir leid«, rief er den Mädchen zu, »aber meine Klauen sind abgebrochen.« Und er ging fort.
Dann kam ein sehr häßlicher Mann unten vorbei, ein Vielfraß.
»Hallo, Vielfraß«, riefen die Mädchen, »komm und hole uns.«
Der Vielfraß begann hinaufzuklettern. Da er häßlich aussah, war er sehr glücklich, auf diese Weise doch noch zu zwei Frauen zu kommen.
Als er nun den Rand des Adlernestes erreicht hatte, ließ die eine der beiden Freundinnen heimlich ihr Haarband auf den Boden des Nestes fallen. Dann nahm der Vielfraß die beiden Mädchen auf den Rücken und trug sie sicher den Baum hinab. Unten angekommen, ging er froh mit ihnen in den Wald hinein. Er war mächtig stolz auf seine beiden Frauen, auch wenn sie nicht sehr hübsch waren. »Oh!« rief die eine plötzlich. »Ich habe oben im Adlernest mein Haarband liegenlassen.«
»Mein liebes Weibchen«, sagte der Vielfraß, »wie könnte ich mit ansehen, daß du traurig bist. Ich springe rasch zurück und hole das Band.« Und fort war er. Genau das hatten die beiden Mädchen bezweckt, denn wenn sie auch nicht sehr hübsch waren, so hatten sie doch ihre Abenteuer gewitzt gemacht. Sie versteckten sich und baten die Bäume des Waldes, sie sollten pfeifen, wenn der Vielfraß zurückkomme und nach seinen Frauen suche. Es dauerte nicht lange, da war der Vielfraß mit dem Haarband wieder da und pfiff nach seinen Frauen, die er nirgends entdecken konnte, und jedesmal, wenn er pfiff, antwortete ein anderer Baum. Der Vielfraß rannte hierhin und rannte dorthin. Überallher ertönten Pfiffe, aber seine beiden Frauen fand er nicht wieder. Da sah er, daß man ihm einen Streich gespielt hatte, und traurig lief er ohne Frauen davon.

Die sieben Sterne

Es waren einmal sieben junge Burschen auf dieser Welt. Einer von ihnen war rothaarig. Sie wußten nicht, wer ihre Eltern waren, und überhaupt hatten sie immer Pech, weil sie sieben und nicht sechs oder acht waren. Was immer sie taten, es ging nicht auf.

Darüber grämten sie sich sehr.
»Am besten«, sagte der eine, »wir verwandeln uns. Wenn ich nur wüßte, in was.«
»Wir wollen uns in die Erde verwandeln«, schlug einer vor.
»Nein«, antwortete der, den sie den Klugen nannten, »auch die Erde kann sterben.«
»Wie wäre es mit einem Felsen?«
»Nein, auch Felsen zerbrechen.«
»Wir sollten uns in Bäume verwandeln. In sehr große Bäume!«
»Nein, auch sie stürzen. Der Wind bläst sie um.«
»Wie wäre es mit dem Wasser?«
»Nein, auch Wasser ist vergänglich. Es trocknet aus.«
»Wir könnten uns in die Dunkelheit verwandeln.«
»Das ist auch nicht gut. Die Dunkelheit vergeht, wenn das Licht erscheint.«
Da sprach der sechste: »Wollen wir nicht Tage werden?«
»Nein, bedenkt doch, auch die Tage enden, wenn die Sonne versinkt und die Dunkelheit hereinbricht«, meinte der Kluge wieder, »aber wie wäre es mit dem blauen Himmel über uns. Er stirbt nie. Ihn wird es immer geben. Alle glitzernden und strahlenden Dinge finden sich dort. In den Himmel wollen wir uns verwandeln. Dort soll unsere Wohnung sein.«
Aber wie sollten sie in den Himmel hinaufkommen.
»Nun haben wir endlich einmal einen guten Einfall gehabt«, stöhnten die Sieben, »und wieder läßt er sich nicht ausführen.«
Als sie so jammerten, fiel ein Netz vom Himmel, das war oben an einer langen Schnur befestigt.
»Die Himmlischen Wesen werden es uns wohl heruntergelassen haben, damit wir darin hinauffahren können«, sagte der Kluge.
»Ach, es nützt alles nichts«, murrte der Rothaarige, der sehr dünn war, »einer von uns wird zurückbleiben müssen, sonst gerät das Netz aus dem Gleichgewicht, und alle stürzen ab. Ich weiß auch schon, wer derjenige sein wird, der auch diesmal wieder Pech hat. Ich nämlich!«
»Nicht doch«, flüsterte die Spinne unter seinem Fuß, und dann sagte sie noch etwas sehr leise zu ihm.
»Ich habe es«, rief der Dünne glücklich, »ich will euch nichts vormachen. Selbst wäre ich nie darauf gekommen, aber die Spinne hat es mir geraten. Also, drei von euch setzen sich auf die rechte und drei auf die linke Seite, und ich setze mich einfach in die Mitte.« So versuchten sie es, und tatsächlich, das Netz blieb im Gleichgewicht, und sie schwebten zum Himmel hinauf. Als sie aber nun oben angekommen und jeder von ihnen seinen Platz gefunden hatte, zerriß der Dünne das Netz und warf es der Spinne unten auf der Erde zu, und die besitzt es bis heute.

Bibliographie

Die Himmelsfrau Jeremiah Curtin und J. N. B. Hewitt: Report of the Bureau of American Ethnology, XXXII, 460, No. 98. Seneca Myths and Fiction. Washington 1918

Der Gute und der Böse Jeremiah Curtin und J. N. B. Hewitt: Seneca Myths and Fiction. Washington 1918

Wie das Feuer auf die Erde kam James Mooney: Report of the Bureau of American Ethnology, XIX. Myths of the Cherokees. Washington 1900

Die Flucht aus der Unterwelt notiert nach mündlicher Überlieferung vom Herausgeber, 1968

Die Reise der Zwillinge zur Sonne E. C. Parsons: Navaho Folk Tales. Journals of American Folklore, XXXVIII, 368

Der Junge aus dem Blutklumpen Clark Wissler und D. C. Duvall: Anthropological Papers of the American Museum of Natural History II, 53

Die verlorenen Kinder Alfred L. Kroeber: Anthropological Papers of the American Museum of Natural History, I, 102, No. 26 – sowie: George Bird Grinnell: The Blackfoot Lodge Tales. New York 1889

Narbengesicht George Bird Grinnell: Blackfoot Lodge Tales. New York 1892

Der Mann mit den Hörnern Folk-Tales of the Alabama-Coushatta. New York 1901

Das Kaninchen überlistet den Farmer Folk-Tales of the Alabama-Coushatta. New York 1901

Der Junge, der die Sonne fing Walter James Hoffmann: Reports of the Bureau of American Ethnology, XIV, 183. Washington 1896

Manabozos Abenteuer Walter James Hoffmann: Reports of the Bureau of American Ethnology, XIV, 203. Washington 1896; Frank G. A. Spreck: Memoirs of the Geological Survey of Canada. Ottawa 1915; Walter James Hoffmann: Report of the Bureau of American Ethnology, XIV, 202. Washington 1896

Die Geschichten um Saynday Francis Noel: The Saynday Stories and other Kiowa Tales. New York 1911

Der Schmetterlingsmann Roland B. Dixon: Maidu Myths. Bulletin of the American Museum of Natural History, Vol. 17. New York 1902

Ishanihura Roland B. Dixon: Shasta Myths. Journal of American Folklore, Vol. 23, 1910

Nenem Robert Spott und A. L. Kroeber: Yurok Narratives. University of California Publications in American Archaeology and Ethnology, Vol. 35, 1942

Die Geisterbraut George Bird Grinnell: Pawnee Hero Stories and Folk Tales. New York 1889

Der Schlangenbruder George Bird Grinnell: Pawnee Hero Stories and Folk Tales. New York 1889

Das braune Pferd George Bird Grinnell: Pawnee Hero Stories and Folk Tales. New York 1889

Der verzauberte Baum Livingston Farrand: Traditions of the Chilcotin Indians, Publications of the Jesup North Pacific Expedition II. New York 1909

Die Mädchen, die einen Stern heiraten wollten Frank G. Speck: Myths and Folklore of the Timiskaming Algonquin and Timagami Ojibwa. Memoirs of the Geological Survey of Canada IX. Ottawa 1915

Die sieben Sterne Robert H. Lowie: The Assiniboine. Anthropological Papers of the American Museum of Natural History, Vol. 4, Pt. 1. Washington 1909

Pham Duy Khiêm
Vietnamesische Märchen

Ins Deutsche übertragen und mit einem Vorwort von
Lothar Römbell
Mit Illustrationen von Günther Stiller
Band 925

Vietnam – Assoziationen stellen sich ein: Krieg, Grausamkeit, Zerstörung. Dies sind Stereotypen für ein Land, das sich in unserem Bewußtsein in anderer als in seiner gegenwärtigen wüsten Gestalt gar nicht festsetzen konnte; denn wir haben dieses Land nicht gekannt. Schon früh gab es in Vietnam eine hochentwickelte Kultur. Sie stand über tausend Jahre unter dem Einfluß Chinas, des gehaßten und schließlich aus Gründen der Zweckmäßigkeit akzeptierten großen Nachbarn im Norden. Einige der hier gesammelten Märchen und Legenden mögen in China entstanden sein; die meisten stammen jedoch aus Annam, dessen Hauptstadt einmal die Kaiserstadt Hué war. Annam heißt zu deutsch »Friedlicher Süden«, ein Name, den der Krieg verhöhnt hat, ein Name aber auch, hinter dem sich schon zu früheren Zeiten – während der Auseinandersetzungen mit China – Sehnsucht nach Frieden und zugleich enttäuschte Hoffnung verbargen. Ein bedrücktes Land war Vietnam also schon immer; aber seine Märchen und Legenden zeigen auch seine helleren Seiten, die liebenswürdige Menschlichkeit seiner Bewohner, ihre bedachtsame Klugheit, ihren Witz.

Die von Pham Duy Khiêm, dem früheren vietnamesischen Botschafter in Paris, gesammelten Märchen und Legenden erscheinen in der Fischer Bücherei zum erstenmal in deutscher Sprache. Übersetzt hat sie Lothar Römbell, der mehrere Jahre als Lehrer in Saigon tätig war. Günther Stiller hat die Ausgabe mit zarten Tuschzeichnungen illustriert.

Fischer Bücherei

Die Welt erzählt

Fischer Bücherei

Afrika erzählt 19 Erzählungen
Herausgegeben von Janheinz Jahn. Band 555

Amerika erzählt 17 Erzählungen
Herausgegeben von Heinz Politzer. Band 209

China erzählt 8 Erzählungen
Herausgegeben von Andreas Donath. Band 635

Deutschland erzählt In drei Bänden
Herausgegeben von Benno von Wiese
Bände 500, 711, 738

England erzählt 18 Erzählungen
Herausgegeben von Hilde Spiel. Band 342

Frankreich erzählt 13 Erzählungen
Herausgegeben von Pierre Bertaux. Band 398

Griechenland erzählt 19 Erzählungen
Herausgegeben von Isidora Rosenthal-Kamarinea. Band 606

Irland erzählt 17 Erzählungen
Herausgegeben von Elisabeth Schnack. Band 888

Italien erzählt 11 Erzählungen
Herausgegeben von Hanna Kiel. Band 444

Japan erzählt 10 Erzählungen
Herausgegeben von Margarete Donath. Band 961

Jugoslawien erzählt 17 Erzählungen
Herausgegeben von A. v. Butlar Moscon.
Band 602

Lateinamerika erzählt 17 Erzählungen
Herausgegeben von Albert Theile. Band 471

Niederländer erzählen 14 Erzählungen
Herausgegeben von Jürgen Hillner. Band 982

Polen erzählt 22 Erzählungen
Herausgegeben von Gerda Hagenau. Band 385

Rumänien erzählt 17 Erzählungen
Herausgegeben von Petru Dumitriu. Band 795

Rußland erzählt 20 Erzählungen
Herausgegeben von Johannes v. Guenther.
Band 298

Skandinavien erzählt 20 Erzählungen
Herausgegeben von Klaus Rifbjerg. Band 574

Spanien erzählt 26 Erzählungen
Herausgegeben von Hilde Domin. Band 503

Ungarn erzählt 12 Erzählungen
Herausgegeben von Ivan Nagel. Band 835

F. M. Dostojewski

Werke in Einzelausgaben

in der Übersetzung von E. K. Rahsin
(leinenkaschiert)

Die ersten Bände:

Der Doppelgänger
Roman. Band 1250

Onkelchens Traum
Roman. Band 1251

Die Dämonen
Roman. Band 1252

Das Gut Stepantschikowo und seine Bewohner
Roman. Band 1254 (Juni 1970)

Arme Leute
Roman. Band 1253 (Juli 1970)

Poetische Beispiele

Unter dem Titel ›Poetische Beispiele‹ entsteht eine Reihe, die den Gedichten ›klassisch‹ gewordener Autoren neue Gegenwärtigkeit verschafft. Zeitgenössische Autoren treffen ›ihre‹ Auswahl aus dem Werk ›ihres‹ Lyrikers. In einem einleitenden Essay charakterisieren die Herausgeber den Autor, sein Werk, seine Zeit und begründen ihre Gedichtauswahl.

Es liegen vor:

Annette von Droste-Hülshoff, Gedichte, ausgewählt von Christa Reinig

Joseph von Eichendorff, Gedichte, ausgewählt von Marie Luise Kaschnitz

Paul Gerhardt, Gedichte, ausgewählt von Albrecht Goes

Georg Heym, Gedichte, ausgewählt von Christoph Meckel

Christian Hofmann von Hofmannswaldau, Gedichte, ausgewählt von Helmut Heißenbüttel

Friedrich Gottlieb Klopstock, Gedichte, ausgewählt von Peter Rühmkorf

Nikolaus Lenau, Gedichte, ausgewählt von Günter Kunert

Oskar Loerke, Gedichte, ausgewählt von Wilhelm Lehmann

Conrad Ferdinand Meyer, Gedichte, ausgewählt von Rolf Schneider

Eduard Mörike, Gedichte, ausgewählt von Hans Egon Holthusen

Christian Friedrich Daniel Schubart, Gedichte, ausgewählt von Peter Härtling

In Vorbereitung:

Bertolt Brecht, Gedichte, ausgewählt von Ingeborg Bachmann

Johann Christian Günther, Gedichte, ausgewählt von Herbert Heckmann

Johann Peter Hebel, Gedichte, ausgewählt von Klaus Nonnenmann

Gottfried Keller, Gedichte, ausgewählt von Werner Weber

August von Platen, Gedichte, ausgewählt von Horst Bienek

Die Reihe wird fortgesetzt.

Fischer Bücherei